말씀암송의 복을 누리자

말씀암송의
복을 누리자

| 여운학 지음 |

규장

천상의 복을 누리는 삶

하나님의 말씀을 먹고 마시며 산 세월

세상 사람들은 인생을 가리켜 고해(苦海), 무상(無常), 일장춘몽(一場春夢), 일편지부운(一片之浮雲), 만경창파일엽주(萬頃滄波一葉舟) 등의 말로 표현하기를 좋아합니다. 이를 풀이하면, 인생이란 쓴 바다 곧 파도가 수시로 밀어닥쳐서 생명에 늘 위협을 느끼는 고통스러운 바다와 같다느니, 덧없는 인생이라느니, 한바탕의 봄꿈에 지나지 않는다느니, 하늘에 떠다니는 한 가닥 구름 같아서 언제 사라질지 모른다느니, 망망한 바다에 떠 있는 나뭇잎 같다느니 하며 고독하고 무력한 것이라고 표현합니다.

어찌 생각하면 그럴듯한 표현이요, 가슴을 뭉클하게 하는 시구(詩句)이기도 합니다. 그러나 예수 그리스도의 속량하심을 받고 구원의 삶을 누리는 성도라면, 이 모든 표현은 어리석은 인생들의 넋두리로밖에 들리지 않을 것입니다. 그럼에도 불구하고 인생은 그리 평탄하고 형통하며 기쁨과 즐거움만 있는 것은 아니기에 비록 머리로는 하나님의 구원의 사랑을 인정하면서도, 어려운 현실에 부딪치다보면 가슴이 메어지고 삶의 소망이 사라지는 경험을 하게 됩니다. 당장의 먹고사는 일, 자녀를 가르치는 일, 억울한 오해로 이웃의 곱지 않은 시선을 받는 일들로 인해 마음이 흔들리고 평안을 잃어버리기도 합니다.

그러나 오직 하나님의 말씀을 사모하는 마음으로 말씀을 암송하고, 이를 기회 있는 대로 즐겨 묵상하고, 삶에 적용하여 실천하는 사람은 합력하여 선을 이루어주시는 하나님의 섭리 아래 축복의 삶을 살 수 있다는 게 얼마나 감사한 일인지요.

나는 지난해에 눈 수술을 했습니다. 수술대에 누워 부분 마취 주사를 맞고 따끔따끔함을 느끼면서 오른쪽 눈에 백내장이 제거되고 있음을 알았습니다. 안구 여기저기에 바늘 같은 것이 꽂히는 것을 짐작하면서 말씀을 암송했습니다.

여호와는 나의 목자시니 내게 부족함이 없으리로다 그가 나를 푸른 풀밭에 누이시며 쉴 만한 물가로 인도하시는도다 내 영혼을 소생시키시고 자기 이름을 위하여 의의 길로 인도하시는도다 내가 사망의 음침한 골짜기로 다닐지라도 해를 두려워하지 않을 것은 주께서 나와 함께하심이라 시 23:1-4

내 영혼이 지각에서 가물가물 멀어져만 가는 듯했습니다. 그러는 사이에 한 시간 반이나 시간이 흘렀습니다.

"자, 이제 다 마쳤습니다. 눈을 떠보실까요?"

집도 의사의 목소리에 깊은 잠에서 깨어났습니다. 이때 평소에 말씀을 묵상하면서 잠들기에 익숙했던 덕을 단단히 보았습니다. 처음엔 약간 겁도 났고, '아, 이렇게 생을 마감할 수도 있겠구나' 하는 생각도 들었습니다. 그러나 오른쪽 눈의 백내장과 황막 제거 수술은 말씀 묵상의 평안함 속에서 무사히 마칠 수 있었습니다.

돌이켜 생각하면, 하나님의 말씀을 먹고 마시며 살아온 30여 년이 마치 꿈결 같습니다. 세계적 기업인 코카콜라 사의 사장이 그의 혈관 속에는 코카콜라가 흐르고 있다고 말했다지요? 나는 내 혈관 속에 하나님의 말씀이 흐르고 있다고 말하고 싶습니다. 눈만 뜨면 달고 오묘한 말씀을 먹고 싶어 안달했던 시간이 셀 수 없이 많았습니다.

비록 마흔이 넘어서 예수님을 구주로 모셔 들였지만 하루에 세 갑씩 피던 담배를 끊은 후 집과 직장에서 잠언, 전도서, 시편, 요한복음에 심취해 읽는 것만으로는 성에 차지 않아 우둔해진 머리로 암송하려고 몸부림치던 일이 생생하게 떠오릅니다. 포스트잇에 두세 절씩 적어서 포켓이나 와이셔츠 주머니 속에 넣어가지고 다니면서 주로 출퇴근 시간에 만원 버스 속에서 열심히 암송했습니다.

말씀을 즐겨 암송 묵상한다는 것은 정말 행복한 일입니다. 말씀에 심취해서 암송 묵상을 하다가 잠드는 것을 마지막 순간까지 하나님과 영적 대화를 나누다가 하나님나라로 가는 예행연습이라 생각합니다. 잠자리에서뿐 아니라 조석(朝夕)으로 4~8킬로미터의 거리를 산책할 때도 말씀암송과 묵상에 도취하여 걷습니다. 그러다 혹시 아는 이웃을 만날까 은근히 겁이 나기도 합니다. 내 눈이 앞을 향하고 있으니 내가 자기를 보는 줄 알고 있는데, 실상 나는 그를 인식하지 못하기 때문에 결례를 하기가 쉽고, 혹 그와 대화를 하게 되면 하나님과의 달콤한 대화가 잠시 끊겨버리기 때문이지요.

이토록 말씀을 암송 묵상하는 시간은 다른 무엇과도 비교할 수 없는 귀한 시간이요, 다른 무엇에 빼앗길까 두려운 복된 시간이기도 합니다. 가끔은 놀라운 지혜가 떠오르기도 합니다. '뉴스타트 303비전 운동', '뉴스타트 303비전 말씀태교 운동', '뉴스타트 303비전 교사 아카데미' 같은 캐치프레이즈(catchphrase)가 불현듯 떠오르기도 합니다. 이는 분명히 요한복음 14장 26절 말씀대로 보혜사 성령님의 역사입니다.

보혜사 곧 아버지께서 내 이름으로 보내실 성령 그가 너희에게 모든 것을 가르치고 내가 너희에게 말한 모든 것을 생각나게 하리라

또한 데살로니가전서 2장 13절의 후반절 말씀대로이기도 합니다.

이 말씀이 또한 너희 믿는 자 가운데에서 역사하느니라

자녀 성품훈련의 필수과정, 말씀암송

아이들의 성품훈련을 위한 지름길 또한 말씀 묵상이 아닐까 생각합니다. 다만 이 묵상의 특권을 누리기 위해서는 반드시 말씀을 암송하는 것이 전제되어야 합니다. 죄성을 가지고 태어난 우리이기에 암송 없이 말씀을 묵상(黙想)하려고 하면 여지없이 원하지 아니하는 잡상(雜想)이 떠오르게 마련이거든요. 적어도 나의 경우는 그렇습니다.

여호수아서 1장 8절 "이 율법책을 네 입에서 떠나지 말게 하며 주야로 그것을 묵상하여 그 안에 기록된 대로 다 지켜 행하라 그리하면 네 길이 평탄하게 될 것이며 네가 형통하리라"라는 말씀을 설교에서 자주 듣는데, 하나님의 말씀을 주야로 묵상하기 위해서는 그 말씀의 암송이 전제되어야 합니다.

자녀의 올바른 성품훈련의 필요성은 날로 더하여만 갑니다. 그럼에도 불구하고 자녀의 성품훈련은 소외되고 있는 듯합니다. 성품훈련의 타이밍은 어릴수록 그 효과가 큽니다. 또한 성품훈련의 지름길은 말씀 묵상이요, 이를 위해서 말씀암송은 기본이며, 날마다 즐겁게 드리는 암송가정예배 역시 필수과정입니다.

저는 일찍이 놀라운 사실을 발견했습니다. 엄마들이 자녀에게 암송교육을 시키기 위하여 말씀을 열심히 암송하고 날마다 자녀와 함께 가정예배를 드리는 가운데 엄마가 먼저 하나님으로부터의 직접적인 성품훈련을 받게 된다는 것입니다.

이를테면 천방지축으로 뛰어놀기를 좋아하는 어린 자녀에게 처음으로 말씀암송을 가르치려면 많이 참을 줄 알아야 하는데, 거의 모든 엄마들은 평소에 오래 참는 훈련이 되어 있지 않습니다. 그래서 걸핏하면 고함을 지르게 되고, 엄마의 분노를 어린 아가들의 볼기를 때리는 것으로 표출하기도 합니다.

그러던 엄마가 고린도전서 13장 전장을 암송하는 가운데 "사랑은 오래 참고", "사랑은 성내지 아니하며"라는 말씀을 반복하면서 찔림을 받고 하나님 앞에 엎드려 눈물의 회개를 한다고 간증합니다. 그뿐 아니라 설교 시간에 많이 들었던 진리의 말씀이 암송을 반복하는 중에 살아 있는 생명의 말씀으로 다가옴으로써 새로운 은혜를 체험하게 되고, 마음 깊은 곳에서 기쁨이 솟아나며 평화를 맛보게 된다는 것입니다.

한편, 어린 자녀들도 처음엔 말씀암송이 어렵게 느껴져서 이 핑계 저 핑계를 대면서 회피하다가 차츰 암송이 익숙하게 되어 50절, 100절의 말씀을 술술 암송할 수 있게 되면 이제까지 맛보지 못했던 새로운 기쁨이 넘쳐나게 됩니다. 부모님이나 조부모님 앞에서 토끼입 같은 예쁜 입술로 "내가 사람의 방언과 천사의 말을 할지라도 사랑이 없으면 소리나는 구리와 울리는 꽹과리가 되고…" 하며 암송할 때 칭찬과 상금을 받게 되는 것이죠. 그러면 낯가림을 많이 하고 숫기가 없어서 남 앞에 서기를 두려워하던 아이들이 자신감이 생기게 되어, 명랑하고 활발한 아이로 바뀝니다. 거기에 날마다 드리는 자녀 주도의 암송가정예배를 통해서 구체적이면서 성경적인 기도를 또박또박 얼마나 잘 드리는지 모릅니다.

이 모든 것보다 더 놀라운 일도 일어납니다. 그 뜻도 제대로 알지 못하면서 말씀을 암송하고, 날마다 암송가정예배를 드리다보면 자녀의 성품훈련이 자연스럽게 이루어집니다. 이제까지 말썽만 피우던 자녀가 언젠가부터 밝고 순종형의 자녀로 변합니다. 물론 부모님의 기도와 밝은 삶의 본이 있어야 되겠지요.

이런 말씀암송교육을 교회학교에서도 우선순위로 가르쳐야 하겠지만, 그보다 각 가정에서 엄마가 가르치고, 자녀 주도형 암송가정예배를 날마다 드리도록 교육함으로써 30년 이후를 예비하고 있는 가정이 날로 늘어나고 있습니다.

요즘 거의 매일 서울과 경기지역을 중심으로 하여 대전과 대구 등지에서 실시되고 있는 303비전성경암송학교 유니게 과정에서 훈련한 젊은 엄마들을 통하여 우리의 미래를 책임질 후세대들이 가정에서 바람직하게 자라고 있습니다. 1999년 초부터 시작하여 2012년 말까지 약 6천 5백 명의 젊은 엄마들이 유니게 과정을 이수했습니다. 그리하여 하나님의 말씀을 100절, 200절, 300절 혹은 500절, 더러는 1000절까지 암송하면서 자녀와 함께 암송가정예배를 드리고 있는 것을 생각하면, 자다가도 벌떡 일어나 하나님께 감사기도를 드리게 됩니다.

이미 출간한 《말씀이 너무너무 좋아서》, 《말씀암송 자녀교육》, 《자녀사랑은 말씀암송이다》에 이어서, 2010년 11월부터 2013년 1월까지 303비전성경암송학교 홈페이지에 연재한 '303비전 편지'들 가운데서 선별하여 '말씀암송의 복을 누리자'라는 이름으로 엮어내게 되었습니다. 규장

편집 2실을 비롯한 디자인실 등 여러 실무팀원들에게 이 자리를 빌어 고마움을 표합니다. 이 작은 책이 말씀암송과 묵상을 통해 하나님께서 우리에게 주신 아름다운 복을 온전히 누리며, 우리의 자녀에게 예수님의 성품을 갖게 하는 데 조금이나마 도움이 되었으면 좋겠습니다.

2013년 2월
여운학

*내용 중에 언급된 어린이들의 나이와 303비전꿈나무장학생, 으뜸모범생, 모범생의 자격 및 인원 등이 지금과는 다를 수 있음을 널리 양해해주시기 바랍니다.

차례

저자의 글

PART 1
말씀암송은 묵상의 베이스캠프

16 소명과 사명
20 나를 대신해주시는 성령님의 기도
24 믿음이란 무엇인가
28 롬팔이팔의 하나님께 감사
32 순종자에게 약속하신 복
36 하나님의 전신갑주
40 성령의 열매인 절제
43 포도나무 비유와 새 계명

PART 2
말씀암송의 실제와 적용

1장 가정을 변화시키는 암송의 힘

49 말씀암송을 하며 가정에 핀 웃음꽃
53 놀면서 말씀을 익히는 아이들
58 아름다운 변화
63 말씀암송교육의 바람직한 타이밍
69 네 살 자녀가 챙기는 말씀암송가정예배
73 새로운 생명의 잉태와 말씀암송
79 사탄이 가장 싫어하는 것 두 가지
84 일곱 살 형원이의 가족을 위한 기도

2장 마음문을 여는 말씀암송

91   말씀암송의 꿀을 따다
96   아빠의 자녀양육 일기
101   말씀암송과 치유
106   신바람 말씀암송
111   위기의 가정을 새롭게 한 말씀암송
118   자녀사랑은 말씀암송이다
124   여섯 살 말씀암송 선생님

3장 말씀암송예배의 생활화

131   자녀교육을 위한 우선순위
134   사춘기 자녀와 말씀암송
138   즐거운 말씀암송가정예배
142   매일 말씀암송가정예배의 중요성
146   깊은 상처의 치유
152   엄마도 태아도 행복한 말씀암송태교
158   목회자 가정에 찾아온 참행복
165   지혜로운 어머니의 역할
172   남편을 놀라게 한 아내의 말씀암송

4장 암송을 통해 누리는 축복

177   차 안에서 드리는 가정예배
183   즐겁게 말씀을 암송하기
188   암송으로 품은 아이들
193   자녀양육에 지친 엄마들에게
199   크리스천 엄마들의 소명과 사명
204   말씀암송을 통해서 성숙해가는 엄마
207   신앙인격 훈련장은 가정이 우선
214   교회학교 중고등부가 살아나는 길
222   막중한 사명을 다하는 엄마

303비전 교육의 4대 강령

이 율법책을 네 입에서 떠나지 말게 하며

주야로 그것을 묵상하여

그 안에 기록된 대로 다 지켜 행하라

그리하면 네 길이 평탄하게 될 것이며 네가 형통하리라

여호수아서 1장 8절

말씀암송은
묵상의
베이스캠프

PART 1

소명과
사명

마흔이라는 늦은 나이에 예수님을 영접한 나는 온전히 새 인생을 살았습니다. 성경이나 신앙서적을 읽다가 마음에 강하게 와 닿는 말씀을 발견하면, 그 자리에서 쪽지에 옮겨 적어 주머니에 넣고 다니면서 기회가 있는 대로 암송하는 습관이 몸에 배게 되었죠. 물론 그 말씀을 온전히 암송할 수 있게 될 때까지는 제법 많은 시간이 걸립니다. 젊어서는 기억력이 그리 나쁜 편은 아니었으나, 삼십대의 10년 동안 인생의 큰 아픔을 겪으면서 평소에 못 마시던 술을 자주 과음하기도 하고 줄담배를 피우는 사이에 기억력이 극도로 쇠퇴하여 암송의 어려움이 남달리 컸습니다.

그러나 시편 107편 9절 말씀처럼 사모하는 영혼에게 만족함을 주시는 하나님의 신실하심으로 인하여 한 번 쪽지에 옮겨 적은 말씀은 반드시 암송하게 된다는 확신까지 갖게 되었죠. 최근 몇 년간 로마서를 1장부터 16장까지 각 장마다 경우에 따라 한두 절, 혹은 전장을 징검다리 건너듯 암송 묵상하는 즐거움을 누리며 삽니다.

로마서 1장 1절은 "예수 그리스도의 종 바울은 사도로 부르심을 받아 하나님의 복음을 위하여 택정함을 입었으니"로 시작됩니다. 여기서 '부르심을 받아'는 소명(召命)을 가리킵니다. 이 소명을 한글 큰사전은 '신하를 부르는 임금의 명'이라 풀이하고 있습니다.

바울은 만왕의 왕이신 예수 그리스도의 부르심을 입었다는 고백으로부터 로마서를 쓰기 시작합니다. 그가 "하나님의 복음을 위하여 택정함을 입었으니"라고 하는데, 택정함을 입었다는 것은 복음을 변증하고, 복음을 전하는 사명(使命)을 받았다는 말일 것입니다. 그리고 2절에 "이 복음은 하나님이 선지자들을 통하여 그의 아들에 관하여 성경에 미리 약속하신 것이라"라고 했고, 3,4절엔 하나님의 아들 예수 그리스도를 명쾌하게 변증하고 있습니다.

로마서의 이 말씀들을 묵상하면서 나의 소명과 사명에 대해 깊이 생각하게 되었습니다. 나는 장로로 부르심(소명)을 받았고, 하나님의 말씀을 이 땅의 젊은 어머니들을 통해서 어린 자녀들에게 어려서부터 암송시켜야 한다는 강한 사명 의식을 품게 되었습니다.

우리나라의 기독교 교육이 중대한 위기를 맞고 있는 이때에 영적 지도자들 또한 깨어나야 합니다. 그래서 후세대의 신앙교육은 말씀암송교육으로 철저히 대비하지 않으면 사탄이 의도하는 대로 패망의 길로 빠져들게 될 것입니다.

이 땅에 말씀을 사모하고 말씀의 중요성을 강조하는 목회자가 더 많아졌으면 좋겠습니다. 목회자 자신이 말씀을 즐겨 암송하고 이를 주야로 묵상하며, 기억력이 왕성한 어린이들에게 말씀암송교육에 우선순위를 두는 목회자가 많아졌으면 참 좋겠습니다. '어린이는 국가의 미래다'라는 캐치프레이즈를 내걸고 어린이들에게 성경암송을 가르치는 가정과 교회가 많아졌으면 정말 좋겠습니다.

오늘날 교회학교 어린이들이 급격히 줄어들고 있습니다. 그 근본 원인을 제대로 파악하고, 올바른 대안을 제시하는 목회자를 한국 교회는 간절히 기다리고 있습니다. 어린이에게 가정과 교회에서 말씀을 암송시키는 일을 우선해야 할 때가 온 것입니다. 암송교육을 부분적으로나마 실시하는 교회가 더 많아져가기를 원합니다. 비능률적이며 지속성이 없는 이전의 방법을 취하지 않기를 바랍니다.

어린 세대에게 말씀을 가르치는 일과 함께 말씀을 먹이는 일을 최우선으로 해야 합니다. 유대인들의 자녀신앙교육은 가정과 학교에서 토라, 곧 모세 5경을 통째로 암송시키는 일을 기본으로 합니다. 그러기에 전 세계 인구의 3퍼센트밖에 안 되는 그들이 지금 세계의 경제와 과학과 문화와 정치와 학문 전 분야를 주도하고 있습니다.

우리도 신구약 성경의 핵심이 될 말씀을 어려서부터 가정과 교회학교에서 확실하게 암송시키면서 말씀대로 순종하는 훈련을 시킨다면 10년,

30년, 100년의 세월이 흘러갈수록 신앙 수준은 높아질 것이요, 예수 그리스도의 성품을 닮아 정직하고 성실한 글로벌 리더들이 쏟아져 나올 것입니다. 그래서 나는 간절히 기도합니다.

'주여, 우리의 가정교육과 교회교육의 우선순위가 말씀암송교육이 되게 하소서.'

또 어려서부터 성경을 알았나니 성경은 능히 너로 하여금 그리스도 예수 안에 있는 믿음으로 말미암아 구원에 이르는 지혜가 있게 하느니라 **딤후 3:15**

나를
대신해주시는
성령님의
기도

누군가 "당신은 냉수의 맛을 표현할 수 있겠소?"라고 묻는다면 아무리 세계적인 대문호 셰익스피어라 할지라도 이렇게 대답했을 것입니다.

"냉수 맛을 알고 싶다면, 당신이 직접 마셔보라. 그러면 알게 되리라."

냉수 맛을 말로 표현할 작가는 아무도 없습니다. 꼭 알고 싶다면 직접 맛보는 것이 상책이죠. 시편 기자는 성경의 맛을 꿀보다 더 달다고 표현했습니다.

주의 말씀의 맛이 내게 어찌 그리 단지요 내 입에 꿀보다 더 다니이다

시 119:103

그러나 말씀의 참맛도 직접 먹어보지 않고는 알 수가 없습니다. 말씀

을 먹는다는 것은 말씀을 암송하고 그 암송한 말씀을 즐겨 묵상하는 것입니다. 그때 느끼는 참맛을 어찌 꿀의 단맛에 비유할 수가 있을까요! '신비롭고 오묘한 천국의 기쁨'이라는 표현이 더 나을 것입니다.

내가 이런 천국의 기쁨을 누려온 지 어언 마흔 해가 가까워집니다. 그러다보니 "당신의 취미는 무엇인가요?"라고 누군가 물으면, 나는 주저하지 않고 "사모하는 말씀을 암송하고 이를 수시로 묵상하는 것"이라고 대답하게 됩니다. 히브리어로 '묵상한다'는 '작은 소리로 읊조린다'라는 뜻이라고 합니다.

내가 주의 법을 어찌 그리 사랑하는지요 내가 그것을 종일 작은 소리로 읊조리나이다 시 119:97

그동안 나는 나름대로의 고민거리를 안고 살 수밖에 없었습니다. 마땅히 기도해야 할 시간인 줄 알면서도 말씀을 암송하고 묵상하느라 기도 시간이 많이 짧아진 것이죠. 그래서 스스로 달래기를 '하나님의 말씀을 사모하는 마음으로 내 안에 모셔 들이는 작업인 암송하는 일과 그 말씀을 반복하여 읊조리며 아버지 하나님의 품에 안겨 사느라 기도 시간이 조금 줄어든다고 한들 중심을 보시는 하나님께서 긍휼히 여겨주시지 않으랴' 하면서도 늘 마음에 걸렸습니다. 그런 내게 주께서는 내 눈과 영이 번쩍 뜨이게 하는 말씀으로 위로해주셨습니다.

이와 같이 성령도 우리의 연약함을 도우시나니 우리는 마땅히 기도할 바를 알지 못하나 오직 성령이 말할 수 없는 탄식으로 우리를 위하여 친히 간구하시느니라 롬 8:26

'아, 그동안 성령께서 말할 수 없는 탄식을 하시면서 나를 위해 친히 간구해주셨구나.'
이 말씀과 함께 더욱 큰 위로의 말씀을 주셨습니다.

마음을 살피시는 이가 성령의 생각을 아시나니 이는 성령이 하나님의 뜻대로 성도를 위하여 간구하심이니라 롬 8:27

죄성을 가진 내가 백 번 드리는 기도보다 하나님의 뜻에 합당한 기도를 성령께서 나를 대신하여 끊임없이 해주셨다는 것을 생각하니, 천근만근의 짐을 벗어던지고 독수리의 날개 치며 올라감 같은 시원한 기쁨을 얻을 수 있었습니다.

성령님이 나를 위해 하나님의 뜻대로 기도해주신다는 말씀은 내가 성도로서의 믿음과 말씀사랑의 삶을 살기 위해 온 정성을 다해야 한다는 것으로 받아들여져서 더욱 두렵고 떨림으로 주님의 말씀에 순종하리라 다짐하게 되었죠.

성도는 마땅히 하나님께 늘 기도해야 합니다. 그리고 하나님의 말씀을 사모하는 마음으로 암송 묵상하는 삶이 기본이 되어야 할 것입니다.

말씀의 생활화, 생활의 말씀화를 이루며 사는 성도는 복이 있습니다. 나는 주께서 마지막에 부르시는 순간, 말씀을 조용히 읊조리며 주님의 품에 안기고 싶습니다.

믿음이란
무엇인가

나는 젊은이를 사랑합니다. 어디 나쁘이겠습니까. 젊다는 것은 순수하다는 것이요, 정열과 정력이 있어서 뜻만 있으면 좋은 일을 행할 수 있다는 것입니다. 그런데 많은 교회의 청년부의 실상을 들여다볼수록 안타까운 마음이 더해갑니다. 다 그런 것은 아니지만 대다수의 경우, 교회의 젊은이들이 말씀암송에 대한 관심과 이해가 부족한 것 같습니다. 또한 그들의 생각의 범위는 지극히 제한적입니다. 주일 설교나 친구들로부터 듣거나 혹은 어떤 책에서 읽은 단편적인 성경지식, 근거가 확실하지 않은 일반적인 세상 상식 혹은 젊음의 자의심(自義心)을 바탕으로 한 수준에서 맴도는 것 같아 안타깝기가 이를 데 없습니다.

성경의 본질과는 거리가 먼 변두리에서 열심히 토의하고 판단하고 고민하며, 모순된 현실적인 복잡한 문제 속에서 방황하는 경우를 많이 발견합니다. 그들에게 일단 말씀을 암송하는 일에 우선순위를 두고, 암송한 말씀을 주야로 묵상하는 습관을 들이도록 노력해보라고 권면하고 싶습니다. 그 바탕 위에 사모하는 마음, 경건한 마음, 간절한 마음으로 기도하면 미쁘신 주께서 무엇이든지 원하는 대로 구하는 것에 응답하실 것입니다.

믿음이란 무엇입니까? 어떻게 하면 보다 많은 젊은이들이 올바른 믿음을 소유할 수 있을까요? 이 문제는 비단 젊은이뿐 아니라 모든 성도의 신앙생활의 열쇠이기도 합니다. 그런 의미에서 영적 지도자들의 책임은 막중합니다. 히브리서 11장 1절에 밝힌 믿음의 정의를 한영 번역본을 통해서 살펴보겠습니다.

믿음은 바라는 것들의 실상이요 보이지 않는 것들의 증거니

Now faith is the substance of things hoped for, the evidence of things not seen. (KJV)

Now faith is being sure of what we hope for and certain of what we do not see. (NIV)

믿음이 주어지는 경위도 로마서 10장 17절을 통해 살펴보겠습니다.

그러므로 믿음은 들음에서 나며 들음은 그리스도의 말씀으로 말미암았느니라

So then faith cometh by hearing, and hearing by the

word of God. (KJV)

Consequently, faith comes from hearing the message, and the message is heard through the word of Christ. (NIV)

이와 같이 믿음은 하나님의 말씀이 바탕이 되어야 한다는 것을 알 수 있습니다. 이는 하나님의 말씀이 없는 곳에 믿음이 있을 수 없다는 것이지요. 하나님의 말씀을 사모하는 마음으로 성경을 열심히 읽고 배우며, 설교를 많이 들을 때 혹은 즐겨 암송하고 묵상할 때 믿음이 찾아오게 되는 것입니다.

목사님들의 설교 가운데 "믿음이 필요합니다", "아브라함과 같은 믿음을 가집시다", "믿음만 있으면 능치 못할 일이 없습니다", "믿음으로 승리하십시다"와 같은 표현이 나올 때마다 안타까운 마음이 생깁니다. 믿음을 갖고 싶다고 가질 수 있다면 얼마나 좋을까요. 하지만 내 마음대로 할 수 없는 믿음을 성도들이 온전히 가질 수 있는 구체적인 방법의 제시 없이 믿음의 중요성을 강조하면 할수록 성도들의 마음은 더 답답하고 더 불안해지게 마련입니다.

그래서 나는 '어떻게 하면 성도가 올바른 믿음을 가질 수 있을까?' 하는 문제를 놓고 오랫동안 기도하며 묵상하고 고민해왔습니다. 이제까지 정리된 나의 믿음에 관한 정의는 이렇습니다. 믿음은 믿는 것입니다. 성경말씀을 진리로 믿는 것이죠. 이것이 믿음입니다. 믿음을 주시는 이는 하나님이십니다. 그분이 주시지 않으면 우리가 믿음을 소유할 수가 없습니다. 주께서 회개의 영을 주셔야 진정한 회개가 나오고, 사랑의 영을 주셔야 사랑의 마음을 품을 수 있듯 말입니다. 하나님은 간절히 믿음 얻기를 구하는 자에게 믿음을 주신다고 하셨습니다.

> 구하는 이마다 받을 것이요 찾는 이는 찾아낼 것이요 두드리는 이에게는 열릴 것이니라 마 7:8

말씀의 바탕 없이 오직 엎드려 구하는 기도만 하면 사탄의 유혹을 받기 쉽습니다. 하나님의 말씀을 사모하는 마음으로 열심히 암송하여 이를 주야로 즐겨 묵상하는 삶을 지속할 때, 하나님께서 굳건한 믿음을 주십니다. 시편 기자는 하나님의 말씀을 주야로 묵상하며 그 도(道)에 행하는 자마다 복이 있다고 노래합니다(시 128:1). 거기에는 믿음이 먼저 주어졌음을 알 수 있습니다.

믿음을 얻기 원하십니까? 그렇다면 먼저 사모하는 마음으로 말씀을 열심히 암송하고, 그 말씀을 주야로 묵상하며 그 도에 행하기를 힘쓰십시오. 그리하면 후히 주시고 꾸짖지 아니하시는 주께서 풍성한 은혜로 채워주시되 차고 넘치게 돈독한 믿음을 부어주실 것입니다.

믿음은 능력이요, 생명입니다. 말씀을 사모하고, 이를 암송하여 주야로 묵상하며, 그 말씀대로 살기를 힘쓰는 자에게 미쁘신 주께서 왜 믿음을 주시지 않겠습니까!

롬팔이팔의
하나님께
감사

중고교 시절에 듣고 감동받았던 송재형 교장선생님의 아침훈화가 고2로 올라가자마자 일어난 6·25 전란을 겪으며 얼마나 큰 도움이 되었는지 모릅니다. 그중에 내 평생 잊지 못할 세 가지 고사성어가 있습니다. 타산지석(他山之石), 전화위복(轉禍爲福), 그리고 새옹지마(塞翁之馬)입니다.

'타산지석'이란 다른 산에서 난 쓸모없는 돌도 자기의 구슬을 연마하는 데에 도움이 된다는 뜻으로 다른 사람의 하찮은 언행일지라도 자기의 지덕(智德)을 연마하는 데에 도움이 된다는 말이며, '전화위복'이란 재화(災禍)가 바뀌어 복이 된다는 뜻이고, '새옹지마'란 《회남자(淮南子)》의 '인간훈(人間訓)'에 나오는 고사로서 어떤 새옹이 기르는 말이 도망치고 다시 준마(駿馬)를 이끌고 들어왔는데, 아들이 그 준마를 타다가 떨어져 절름발이가 되어 그로 말미암아 출전(出戰)을 면하여 다른 젊은이처럼 목숨을 잃지 않고 살았다는 이야기에서 나온 말입니다.

이는 모든 것이 돌고 돌아 무상(無常)하니 인생의 길흉(吉凶)과 화복(禍福)이란 항시 바뀌어 예측할 수 없다는 것이죠. 학창시절의 민감한 정서에 이 고사성어가 얼마나 큰 영향을 주었는지 모릅니다. 중년이 되어 늦게 기독교에 입문하여 성경을 읽고, 설교를 듣고, 경건서적을 읽으면서 가장 크게 와 닿는 말씀이 '롬팔이팔'(로마서 8장 28절을 기억하기 쉽게 하기 위하여 만들어낸 준말)이었습니다. 롬팔이팔을 더 좋아하게 된 이유는 아마도 평생을 살아오는 동안 깊이 적용해오던 세 고사성어가 이 말씀과 상통하는 바가 있었기 때문입니다.

물론 엄밀한 의미에서 전화위복과 롬팔이팔은 개념 자체가 전혀 다릅니다. 전화위복은 화가 복이 되기도 하고, 복이 화가 되기도 한다는 무상한 인생의 운명을 대자연의 이치로 받아들이는 데 반하여, 롬팔이팔은 하나님을 사랑하는 자 곧 그분의 뜻대로 부르심을 입은 자들에게는 모든 것이 합력하여 선을 이루시는 하나님의 사랑의 섭리를 가리키기 때문입니다.

다행스럽게도 내가 청소년기를 거쳐 청장년기에 이르기까지의 삶에서 받아들였던 전화위복의 개념은 타산지석과 새옹지마의 득실의 원리와 함께 성공적 삶을 이루기 위한 적극적이며 긍정적인 사고방식의 근거가 되었습니다. 그리하여 온실에서 자란 묘목 같았던 연약한 몸으로 살벌한 부두 체커(checker, 화물을 검수하는 사람) 생활을 비롯하여 미군부대의 단순 노무자, 의회 통신 배달원 등의 고달픈 일을 두루 감당하면서도 결코 절망하지 않고 늘 꿈을 안고 현실을 이겨낼 수 있었습니다.

> 우리가 알거니와 하나님을 사랑하는 자 곧 그의 뜻대로 부르심을 입은 자들
> 에게는 모든 것이 합력하여 선을 이루느니라 **롬 8:28**

그러나 예수님을 영접하고 하나님의 말씀을 사모하는 마음으로 암송 묵상을 하고부터는 오직 롬팔이팔의 하나님을 의지하여 고난과 시련 속에서도 절망과 원망 대신에 감사의 삶을 살 수 있었고, 이는 전적인 하나님의 은혜였습니다. 그리하여 고난 속에 감추어진 하나님의 뜻을 말씀에 비추어 묵상하다가 마침내 "고난은 **변**장한 축복이며, 잠든 영혼을 일깨우는 기상**나**팔이며, 하나님의 **명**품 만들기이며, 하나님의 **용**광로이며, 모든 것을 합력하여 선으로 만드시는 하나님의 사랑의 섭리다"를 '변나명용 롬팔이팔'이라는 준말로 기억하게 되었습니다.

> 고난당하기 전에는 내가 그릇 행하였더니 이제는 주의 말씀을 지키나이다
> 고난당한 것이 내게 유익이라 이로 말미암아 내가 주의 율례들을 배우게 되
> 었나이다 시 119:67,71

한편, 성도는 마땅히 주 안에서 항상 **기뻐**하며, **기도**하며, **감사**하며 (항상 기뻐하라 쉬지 말고 기도하라 범사에 감사하라 이것이 그리스도 예수 안에서 너희를 향하신 하나님의 뜻이니라 살전 5:16-18), **찬양**하며(내 영혼아 여호와를

송축하라 내 속에 있는 것들아 다 그의 거룩한 이름을 송축하라 시 103:1; 시 100:1),
순종하는 것이 마땅하며(너희가 즐겨 순종하면 땅의 아름다운 소산을 먹을 것
이요 사 1:19; 수 1:8), 이는 축복의 열쇠임을 '기기감찬순'이라는 준말로 기
억하며 살게 되었습니다.

순종자에게
약속하신
복

여호와 우리 주여 주의 이름이 온 땅에 어찌 그리 아름다운지요 주의 영광이 하늘을 덮었나이다 시 8:1

하늘이 하나님의 영광을 선포하고 궁창이 그의 손으로 하신 일을 나타내는 도다 시 19:1

사모하는 마음으로 열심을 다해 암송한 하나님의 말씀을 묵상하는 기쁨을 무엇에 비할까요. 인간으로서는 도저히 헤아릴 길이 없는 하나님의 창조와 그 섭리의 비밀을 말씀을 통해 묵상한다는 것은 참으로 두렵고 감사한 일입니다.

깊도다 하나님의 지혜와 지식의 풍성함이여, 그의 판단은 헤아리지 못할 것
이며 그의 길은 찾지 못할 것이로다 누가 주의 마음을 알았느냐 누가 그의 모
사가 되었느냐 누가 주께 먼저 드려서 갚으심을 받겠느냐 롬 11:33-35

바울 사도는 세상 학문과 하나님의 예언의 말씀(구약성경)에 해박하
며, 영적으로는 예수님의 음성을 직접 듣고, 삼층천까지 다녀온 사람입
니다. 이 말씀은 바로 그가 하나님의 오묘하신 섭리를 노래한 시입니다.
나는 이 말씀을 옷깃을 가다듬고 묵상합니다.

33절 말씀인 "깊도다 하나님의 지혜와 지식의 풍성함이여, 그의 판단
은 헤아리지 못할 것이며 그의 길은 찾지 못할 것이로다"를 묵상하면 할
수록 고개가 절로 숙여집니다. 성경을 읽으면서 말씀이 잘 믿어지지 않
을 때마다 "하나님의 지혜와 지식의 풍성함이여!"를 되뇌면서 '네가 감
히 하나님께서 하신 일을 어찌 믿어지지 않는다고 말할 수 있느냐? 전지
전능하시며 하고자 하는 일을 행하시는 하나님이 아니시더냐' 하며 자
책하게 됩니다.

"누가 주의 마음을 알았느냐 누가 그의 모사(謀士)가 되었느냐 누가
주께 먼저 드려서 갚으심을 받겠느냐"란 말씀은 묵상하면 할수록 하나
님의 섭리에 대한 깊은 신뢰감을 갖게 됩니다. 또한 '철부지 인생인 네
가 무엇을 안다고 하나님의 뜻을 운운하며 말할 수 있단 말이냐?'라는
주님의 엄위하신 음성을 듣는 것 같습니다.

로마서를 좋아해 날마다 묵상을 할 때면 하나님의 사랑과 성령님의

역사하심에 감격합니다. 특히 "누가 주께 먼저 드려서 갚으심을 받겠느냐"라는 35절 말씀에 이르러서는 일찍이 크게 깨닫게 된 바가 있었습니다. 사람이 누리는 형통은 하나님께 먼저 드린 헌신의 보상이 아니라, 값없이 주시는 하나님의 은혜의 선물이라는 것이죠.

분명히 로마서 11장 35절 말씀은 사람이 먼저 드려서 하나님의 갚으심을 받는 것이 아니라 하십니다. 하나님께서 우리에게 복을 주시기 위하여 그 복 받는 길을 오직 성경을 통해 미리 제시하신 것입니다. 그럼에도 불구하고 많은 사람들이 하나님의 말씀을 순종하지 않는 가운데, 어쩌다가 한 사람이 그 말씀을 순종했을 때 하나님께서는 이를 크게 기뻐하사 미리 성경에 약속하신 대로 복을 주신다는 것을 깨닫게 하셨습니다. 이 진리를 묵상 중에 깨닫게 하심이 어찌 그리 감사한지요.

어느 날, 평소에 가까이 지내던 한 분이 "장로님은 기도를 많이 하셔서 그런 귀한 복을 받으시는 줄 압니다"라고 좋은 뜻으로 내게 격려의 말을 했습니다. 나는 그 분에게 고마운 마음을 표하면서 이렇게 말했습니다.

"혹시라도 제가 남다른 복을 받는 일이 있다면 제가 복 받을 짓을 해서 그 상급으로 받는 것이 아니라, 중심을 보시는 하나님께서 당신의 말씀에 순종하려고 나름대로 발버둥치는 저를 불쌍히 여기시사 성경의 순종자에게 약속하신 복을 내려주시는 것이라고 믿어요."

나는 로마서 11장 35절 말씀과 함께 여호수아에게 하신 하나님의 약속의 말씀도 늘 즐겨 묵상합니다.

이 율법책을 네 입에서 떠나지 말게 하며 주야로 그것을 묵상하여 그 안에 기록된 대로 다 지켜 행하라 그리하면 네 길이 평탄하게 될 것이며 네가 형통하리라 수 1:8

이사야서 1장 18-20절 말씀에서도 같은 맥락에서 순종하는 자가 받는 복을 묵상합니다.

여호와께서 말씀하시되 오라 우리가 서로 변론하자 너희의 죄가 주홍 같을지라도 눈과 같이 희어질 것이요 진홍같이 붉을지라도 양털같이 희게 되리라 너희가 즐겨 순종하면 땅의 아름다운 소산을 먹을 것이요 너희가 거절하여 배반하면 칼에 삼켜지리라 여호와의 입의 말씀이니라

많은 사람들이 복 받는 비결에 대해 알기 원하지만, 한편으로는 하나님의 말씀에 순종하는 것을 부담스럽게 여기는 것 같습니다.
"누가 주께 먼저 드려서 갚으심을 받겠느냐?"
하나님은 당신의 말씀을 즐겨 순종하는 사람을 찾고 계시다가, 어쩌다 한 사람을 발견하시면 비록 그가 여러 가지 부족한 것이 많다 할지라도 허물하지 아니하시고 복에 복을 쏟아부어주십니다.

하나님의
전신갑주

바울 사도는 "하나님의 전신갑주(全身甲冑)를 입으라, 하나님의 전신갑주를 취하라"라고 에베소서 6장에서 기술하고 있습니다.

> 끝으로 너희가 주 안에서와 그 힘의 능력으로 강건하여지고 마귀의 간계를 능히 대적하기 위하여 하나님의 전신갑주를 입으라 우리의 씨름은 혈과 육을 상대하는 것이 아니요 통치자들과 권세들과 이 어둠의 세상 주관자들과 하늘에 있는 악의 영들을 상대함이라 그러므로 하나님의 전신갑주를 취하라 이는 악한 날에 너희가 능히 대적하고 모든 일을 행한 후에 서기 위함이라 그런즉 서서 진리로 너희 허리띠를 띠고 의의 호심경을 붙이고 평안의 복음이 준비한 것으로 신을 신고 모든 것 위에 믿음의 방패를 가지고 이로써 능히 악한 자의 모든 불화살을 소멸하고 구원의 투구와 성령의 검 곧 하나님의 말씀을 가지라 **엡 6:10-17**

바울은 영적 전쟁에서 승리하기 위해 성도가 입고 취해야 할 하나님의 전신갑주를 그의 뛰어난 상상력과 정곡을 찌르는, 문학적인 아름다운 표현으로 실감나게 그리고 있습니다. 진리의 허리띠, 의의 호심경, 평안한 복음의 신발, 믿음의 방패, 구원의 투구, 성령의 검으로 하나님의 전신갑주를 취하라고 권면합니다.

우리가 싸워 이겨야 할 대상은 혈과 육에 있지 아니하고, 오직 세상 주관자들과 하늘에 있는 악의 영들이기에 이들의 공격으로부터 하나님의 나라를 지키기 위하여 성도는 모름지기 하나님의 말씀으로 중무장하고 기도로 승리해야 한다는 것을 그림을 그리듯 표현하고 있습니다.

모든 기도와 간구를 하되 항상 성령 안에서 기도하고 이를 위하여 깨어 구하기를 항상 힘쓰며 여러 성도를 위하여 구하라 엡 6:18

바울이 이 서신을 쓸 때의 상황을 상상해봅니다. 그는 당시 위풍당당한 로마 군사들의 중무장한 모습을 기억하면서 이 땅에서 하나님나라를 굳건히 지켜나갈 성도의 영적 무장을 그려보았을 것입니다. 오직 진리의 말씀으로 허리띠를 꽉 조여 매고, 의의 말씀으로 대적의 불화살을 막아내는 호심경을 가슴에 붙이고, 평안의 말씀으로 아무리 행군하여도 발병나지 않는 군화를 신고, 굳건한 믿음의 말씀으로 대적의 창과 칼을 막아내는 방패를 잡고, 구원의 말씀의 투구로 머리를 보호하고, 말씀이신 성령의 불칼로 중무장한 하나님의 군사를 그리며 이 서신을 썼을 것입니다.

온전히 말씀의 원자재로 만들어진 전투복장과 공격무기인 성령의 검을 가질 것을 밝히고, 이어서 쉬지 않는 기도와 간구가 있어야 한다고 말합니다. 그렇습니다. 영적 전쟁에서 승리하기 위하여 성도는 오직 하나님의 말씀 곧 진리의 말씀, 생명의 말씀, 평안의 말씀, 믿음의 말씀, 구원의 말씀, 성령의 말씀으로 중무장해야 합니다.

그런데 우리에겐 문제가 있습니다. 이 아름답고 귀한 말씀을 막연하게 받아들인다는 것이죠. 여기서 반드시 짚고 넘어가야 할 중요한 사실이 있습니다. 우리는 말씀으로 무장하는 구체적이고 정확한 방법을 찾아내야 합니다. 설교를 듣거나, 책을 읽거나, 성경을 읽거나, 성경공부를 하는 것도 말씀으로 무장하는 방법 중 하나임에는 틀림없는 사실입니다. 그러나 이런 방법만으로 말씀의 전신갑주를 삼기에는 부족할 것 같습니다. 보다 더 적극적인 노력과 열심이 필요합니다.

시간과 노력을 기울여 힘써서 암송한 하나님의 말씀이야말로 힘의 원천이 될 수 있지 않을까요. 그 바탕 위에 이를 사모하는 마음으로 수시로 묵상하며 성령 안에서 기도하는 성도에게 하나님은 말씀의 전신갑주로 중무장하는 능력을 주실 것입니다.

예수님은 어려서부터 마을 회당에서 두루마리 성경말씀을 거의 암송하셨고, 묵상과 기도로 중무장하셨습니다. 공생애를 시작하시기 전에 광야에서는 40주야를 금식하신 후 사탄으로부터의 세 가지 유혹을 하나님의 말씀으로 물리치셨지요. 우리도 능히 이 세상과 하늘의 악령의 유혹을 말씀과 성령으로 물리칠 수 있는 권능을 받기 위하여 어려서부터 말씀을 힘써 암송하고, 주야로 즐겨 묵상하며, 이를 삶에 적용하는 말씀의 생활화가 이루어져야 할 것입니다.

오늘날 한국 교회의 많은 성도들이 이단들의 유혹에 넘어가는 이유도 평소에 말씀암송과 묵상의 삶으로 연마된 믿음과 성령의 불칼로 중무장하지 못하고 있는 데서 그 원인을 찾을 수 있지 않을까요?

나의 힘이신 주님, 내가 주님을 사랑합니다 **시 18:1 (표준새번역)**

성령의
열매인
절제

기독교에서 성령님이 차지하는 무게는 하나님과 예수님에 버금간다고 보아야 옳을 것입니다. 성령님의 임재가 없는 교리는 생명이 없는 박제 같고, 성령님의 임재가 없는 설교는 고개는 끄덕일망정 가슴은 답답할 뿐입니다. 보혜사 성령님은 삼위 하나님의 한 분이시기에 성령님의 임재가 있는 예배와 찬양, 기도와 설교라야 예배자의 심령에 감동을 줍니다.

나는 성령의 아홉 가지 열매를 제시해주신 갈라디아서 5장을 즐겨 묵상하는 편입니다. 한편으로는 그 열매에 '감사'와 '경건'과 '겸손'이 더했더라면 좋았으리라는 생각도 해봅니다. 그러다가도 그 아홉 가지만 다 갖출 수 있다면 이 세 가지 열매, 곧 감사와 경건과 겸손은 절로 맺히는 열매가 되리라는 생각을 했습니다.

어느 날, '절제'에 대해 묵상하다가 문득 이런 생각이 들었습니다.

'그렇다. 다른 여덟 가지 열매를 다 갖추었다 해도 절제의 열매 하나가 빠진다면 다른 열매들은 제 구실을 할 수 없겠다.'

절제가 없다면 사랑, 기쁨, 평화, 오래 참음 등 어느 덕목 하나라도 온전할 수 없다는 생각이 확신으로 변해갔죠. 마찬가지로, 사랑이 없는 기쁨과 평화 역시 아무것도 아님을 깨닫게 되었습니다. 절제를 NIV에서는 "self-control" 곧 "자제력"이라 표현하고 있습니다.

나의 가장 취약점이 절제임을 일찍부터 절감하고 있습니다. 그나마 위로가 되는 것은 톨스토이도 《참회록》에서 그의 자제력 부족을 자탄한 바 있다는 것입니다. 사람은 누구나 자제력에 있어서 자신할 수 없다는 것을 이해할 수 있습니다. 오직 성령의 충만함을 입어야 절제할 수 있습니다. 그런 관점에서 로마서 7장을 통해 얼마나 큰 위로를 받았는지요.

내가 원하는 바 선은 행하지 아니하고 도리어 원하지 아니하는 바 악을 행하는도다 (…) 그러므로 내가 한 법을 깨달았노니 곧 선을 행하기 원하는 나에게 악이 함께 있는 것이로다 내 속사람으로는 하나님의 법을 즐거워하되 내 지체 속에서 한 다른 법이 내 마음의 법과 싸워 내 지체 속에 있는 죄의 법으로 나를 사로잡는 것을 보는도다 **롬 7:19-23**

그럼에도 불구하고 성령님의 역사가 없이는 절제의 부족으로 인한 아픔을 안고 살 수밖에 없음을 압니다.

아, 나는 비참한 사람입니다. 누가 이 죽음의 몸에서 나를 건져주겠습니까?

우리 주 예수 그리스도를 통하여 나를 건져주신 하나님께 감사를 드립니다.

그러니 나 자신은, 마음으로는 하나님의 법을 섬기고, 육신으로는 죄의 법을

섬기고 있습니다 **롬 7:24,25 (표준새번역)**

포도나무
비유와
새 계명

흔히 요한복음 15장을 가리켜 '포도나무장'이라 일컫습니다. 그 이유는
예수님이 1절부터 8절까지 포도나무를 비유로 들어 하나님 아버지와 예
수님과 제자들과의 불가분의 관계를 제자들에게 가르쳐주셨기 때문입
니다. 포도나무 비유는 참으로 깊은 뜻을 품고 있음에는 틀림없습니다.
그러나 나는 이를 깊이 암송 묵상을 하면서 포도나무 비유는 새 계명을
주시기 위한 서론이며, 본론은 9절부터 17절까지 거듭 강조하신 사랑의
'새 계명'(요 13:34)이라는 확신을 갖게 되었습니다. 요한복음 15장은 예
수님의 '사랑장'입니다.

> 내 계명은 곧 내가 너희를 사랑한 것같이 너희도 서로 사랑하라 하는 이것이
> 니라 요 15:12

내가 이것을 너희에게 명함은 너희로 서로 사랑하게 하려 함이라 요 15:17

나는 처음 믿기 시작하면서부터 요한복음 15장이 좋아서 읽는 것으로는 부족해 외우기 시작했습니다. 당시 미아리에서 안국동까지 매일같이 출퇴근하는 45분 동안 만원 버스 안에서 이리 쏠리고 저리 쏠리면서도 쪽지에 기록한 요절을 끈질기게 암송했고, 15장 전장을 여섯 달이 지나서야 겨우 다 외울 수 있었습니다. 누가 시킨 것도, 암송한 것을 어디서 발표할 것도 아니었죠. 그저 그 말씀이 정말 좋고, 당시 갓 믿기 시작한 자의 생각에는 군더더기 같은 사람의 말은 한마디도 없고 오직 예수님의 말씀만 나오는 것이 좋아서였습니다. 또 언제 어디서나 그 말씀을 자유롭게 읊조릴 수 있기를 간절히 사모했기 때문이었죠.

그 후 요한복음 15장은 주께서 내 입술을 통하여 내게 들려주시는 주님의 자장가가 되었습니다. 저녁에 피곤한 몸으로 잠자리에 눕자마자 "나는 참포도나무요 내 아버지는 농부라"부터 시작해서 몇 절 더 나아가기 전에 꿈나라로 들어가곤 했죠. 주께서는 내가 요한복음 15장을 늘 즐겨 암송 묵상하는 것을 기뻐하사 정말 많은 것을 깨닫게 하시고, 많은 은혜를 베풀어주셨습니다(요 14:26). 아니, 지금도 이 말씀을 암송 묵상할 때마다 새로운 은혜로 채워주십니다. 다만 여기서는 주께서 사랑의 새 계명으로 주신 '사랑'에 관한 묵상을 나누고 싶습니다.

12절에서 "내가 너희를 사랑한 것같이 너희도 서로 사랑하라"고 하신 다음, 13절에서는 "사람이 친구를 위하여 자기 목숨을 버리면 이보다 더 큰 사랑이 없나니"라고 하십니다. 그런데 실상 예수님은 '원수를 위해 죽으셨다'라고 로마서 5장 10절이 증언하고 있습니다. 또 17절에서 예수님은 다시 한 번 '사랑의 새 계명' 곧 "내가 너희를 사랑한 것같이 너희도 서로 사랑하라"(12절)라고 말씀하십니다. 나에게는 요한복음 15장이 예수님의 사랑장으로 받아들여지고, 말씀들을 암송 묵상할 때마다 우리에게 향하신 예수님의 참사랑이 가슴 저리게 다가옵니다.

303비전성경암송학교 유니게 과정 커리큘럼을 위하여 기도로 준비하면서 알파와 오메가가 되시는 예수님(계 1:8)의 '사랑의 새 계명'에 무게를 두기로 했습니다. 따라서 제1단계 100절의 첫 암송요절을 '바울의 사랑장'으로 알려진 고린도전서 13장으로 정했습니다. 이는 주님의 새 계명을 실천하기 위한 사랑 각론(各論)에 해당한다고 믿기 때문이죠. 그리고 1단계 100절의 마지막 말씀을 예수님의 사랑 원론(原論)이라 할 수 있는 요한복음 15장으로 정하기에 이르렀습니다. 유니게 과정 커리큘럼을 무슨 원칙으로 짰냐고 묻던 사람들이 이런 사연을 듣고 크게 공감하는 것을 볼 때마다 하나님의 은혜에 더욱 감사하게 됩니다.

그런즉 믿음, 소망, 사랑, 이 세 가지는 항상 있을 것인데 그중의 제일은 사랑이라 **고전 13:13**

새 계명을 너희에게 주노니 서로 사랑하라 내가 너희를 사랑한 것같이 너희도 서로 사랑하라 **요 13:34**

구하는 이마다 받을 것이요
찾는 이는 찾아낼 것이요
두드리는 이에게는 열릴 것이니라

마태복음 7장 8절

말씀암송의
실제와 적용

PART 2

가정을
변화시키는
암송의 힘

● 말씀암송의 복을 누리자

1장

말씀암송을
하며
가정에 핀
웃음꽃

말씀은 곧 생명이요, 진리요, 능력이요, 길이요, 기쁨이요, 평화입니다. 교회에 다니면서도 말씀의 참맛을 모르고 사는 성도가 얼마나 많은지요. 오늘날 우리나라의 많은 성도들의 신앙생활의 내면을 들여다보면, 외형적인 교회출석과 헌금, 봉사, 구역활동은 비교적 성실한 편인데 반하여 말씀을 사모하고, 먹고, 삶에 적용하는 일에는 관심을 갖지 않는 것이 보편화되어 있습니다. 따라서 일반 성도들의 일상생활이 짜증과 갈등으로 얼룩져 있게 마련입니다.

엄마가 말씀암송훈련을 받으면서 차츰 말씀암송의 맛을 체험하기 시작하면, 우선 집 안 라디오에서 저속한 유행가 대신 경건한 찬송가가 흐르며 가정 분위기를 바꾸고, 요란하던 텔레비전 소리 대신 엄마의 말씀암송 소리가 집 안 공기를 바꿉니다. 침울하기만 하던 엄마의 표정이 밝아지고, 자녀와 엄마의 관계가 더욱 친숙해지며, 아빠도 가정의 소중함을 깨닫게 되어 되도록 서둘러 귀가하게 됩니다.

세 자녀 신현(15세), 현빈(14세), 수빈(11세)과 별이를 잉태 중인 엄마, 성은교회 김수연 성도의 일기입니다.

말씀암송의 신비 2010년 11월 25일

오늘도 참 멋진 하루였다. 내가 암송을 이만큼 할 수도 있다는 걸 알게 된 날이다. 그리고 '목요일이 금방 오는구나'라는 생각도 들었다. 확실히 CD를 들으면서 말씀을 외우는 게 가장 좋은 방법인 것 같다. 구입하길 참 잘했다는 생각이 든다. 이제껏 태교를 위해 여러 책을 읽어보았지만 성경암송책만 한 게 없다. 소중한 말씀으로만 짜인 암송노트가 우리 별이의 태교에 가장 좋은 것 같다.

요즘 나에게 있어 가장 많이 달라진 점이 있다면 웃을 수 있는 여유가 생겼다는 것이다. 전에는 걸핏하면 화도 많이 내고 다혈질의 성격이 불쑥 튀어나오곤 했는데, 지금 거울 속의 내 얼굴은 환하게 웃고 있다. 좋은 쪽으로 변해가는 내가 참 기특하다. 이런 말씀암송의 신비를 다른 사람들에게도 꼭 전해주고 싶다.

CCM을 듣다 흘린 눈물 2010년 11월 26일

하루 일과 중에 적어도 30분은 성경암송을 하게 된다. 저절로 그렇게 되는 것 같다. 그리고 이런 시간이 내게 큰 행복임을 이제야 알게 되었다.

가요를 많이 듣던 전과 달리 요즘에는 감사하게도 성경암송을 하면서 CCM과 워십 음악을 듣게 되었다. 오늘도 CCM을 듣고 있었는데, 나도 모르게 눈물이 왈칵 쏟아졌다. 그렇게 울고 나니, 신기할 정도로 마음이 편해졌다. 혹시 꿈을 꾸고 있는 게 아닌가 하는 생각이 들 정도였다.

지금껏 이런 표현을 거의 해본 적이 없었는데, 오늘은 내 자신에게 "참 잘했다"라고 칭찬해주고 싶다. 하나님이 두 팔을 펼쳐서 나를 지켜주시고 있다는 느낌이 든다. 나는 참 복 받은 자녀다.

남편의 변화 2010년 11월 28일

교회에서 잠깐 동안 홀로 성경암송예배를 드렸다. 그러자 교회 사람들이 "뭐하는 거야?"라며 신기한 표정으로 묻기도 하고, "왜 우리한테는 안 가르쳐줘?" 하며 장난 섞인 말투로 말하기도 했다. 그리고 초등부 아이들에게 좋을 것 같다면서 함께하자고도 했다. 앞으로 우리 교회의 많은 사람들과 함께할 수 있었으면 좋겠다.

오늘은 예배 시간이 아주 짧게 느껴졌다. "주 안에서 가족을 사랑하면 행복합니다"라는 목사님의 말씀에 나도 모르게 눈물이 흘러내렸다. 정말 이 세상에서 가족보다 더 소중한 게 있을까! 가족만 생각하면 모든 게 행복하다. 전에는 그렇게 생각하지 않았는데 이제는 하나하나 모두 소중하다. 이 작은 가정의 울타리를 지켜주시는 하나님께 정말 감사드린다. 남편에게도 변화가 일어났다. 술을 그리도 좋아하더니 이제 밖에서는 전혀 마시지 않는다. 남편의 작은 변화가 내게는 가장 큰 선물이다.

놀면서
말씀을
익히는
아이들

하나님의 오묘하신 섭리에 날마다 감격하며 삽니다. 생각하면 할수록 탄복하여 마지않도록 한 치의 오차도 없이 우주의 천체를 운행하시며 사람을 위시한 땅 위의 모든 생물들, 심지어 날파리 한 마리까지 각각 일정 기간 동안 공존을 위한 유기적 상생관계를 이루어나가게 하심이 얼마나 세밀하신지 모릅니다.

특히 어린이들을 관찰해보면, 그 놀라우신 사랑의 섭리에 감탄사가 절로 나옵니다. 걸음마를 배울 때 수없이 넘어져도 그 여린 몸의 어디 하나 상하는 곳이 없으며, 한 번 보고 들으면 표현할 줄 모를지언정 다 정확하게 기억한다고 합니다. 말을 배우기 시작하면 "엄마, 이건 뭐야?", "엄마, 저건 왜 저래?" 하며 쉬지 않고 물어봅니다. 그때마다 엄마의 대답과 태도와 그 속에 담긴 사랑과 지혜까지 모두 기억한답니다.

엄마가 열심히 암송하면서도 기억하기 힘든 말씀을 옆에서 혼자 놀던 아들이 토씨 하나 틀리지 않고 말해서 엄마를 기쁘게도 하고, 놀라게도 합니다. 부모님들의 주고받는 일상의 대화도 옆에서 그림을 그리거나 낙서를 하던 자녀는 다 듣고 정확하게 기억합니다. 하지만 부모는 그런 사실을 전혀 모른 채 살아가죠. 다음은 유니게 과정 50기 1단계 훈련 중인 사무엘(4세), 다엘(2세)을 키우는 영화교회의 이성신 사모의 일기입니다.

주의 궁정 2010년 11월 23일

시편 100편을 암송하며 손가락을 꼽고 있었다. 옆에서 블록을 가지고 놀고 있던 사무엘이 "궁정!" 하고 외친다. 흔하게 들어보지 못한 단어에 꽂혔나 보다. 4절을 다시 암송하고 있는데 궁정이 뭐냐고 물었다.

나는 '하나님! 지혜를 주세요'라고 기도하면서 말했다.

"응, 그건 하나님의 집이야. 아주 멋진 집을 궁정이라고 하는 거야."

이 설명을 알아들었는지 사무엘이 "궁정, 궁정" 하면서 혼자 되뇌인다. 그러더니 조금 후에 "그런데 왜 궁정에 들어가요?" 하고 묻기에 내가 말했다.

"하나님께 감사하고 송축하기 위해서지."

"그럼 송축은 뭐예요?"

"송축은 하나님께 드리는 노래, 찬양이야. 우리가 지금 거실에서 예배드리고 있지? 우리가 기도하고 하나님 성품을 찬양하면 여기 이 거실이 하나님의 궁정이 되는 거야. 방에서 예배드리면 방이 하나님의 궁정이고. 교회 자모실에서 예배드리면 그곳이 하나님의 궁정이지."

이 말을 듣고 사무엘이 미소를 지으며 좋아했다.

"그럼, 할아버지가 계시는 백일교회도 하나님의 궁정이네요. 주님이 계시는 곳이면 어디든지 다 궁정이네. 우리가 어디서 찬양하든 거기가 하나님의 궁정이고."

사무엘은 예배가 있었던 곳을 생각하며 그 장소들을 하나님의 궁정이라고 말했다. 은혜로웠다. 네 살 된 아이의 입에서 성경말씀을 듣고, 질문하고, 이해하고, 외치는 모습이….

'주님! 사무엘과 주의 궁정을 묵상케 하심에 감사드립니다. 어린아이의 입술을 보배롭게 해주셔서 감사드립니다. 하나님의 궁정을 우리 가정 가운데 세워주심도 감사드립니다. 하나님의 궁정 된 우리 가정을 거룩하게 하소서. 주의 사랑이 머무르게 하소서. 하나님을 아는 지식이 나날이 더하게 하소서.'

성경암송 자장가 2010년 11월 24일

흔히 아이를 재울 때 하는 '자장자장'이 무슨 의미인지 잘 모르겠다. 그래서 사무엘과 다엘은 신생아 때부터 이 말을 하면서 재우지 않고 토닥여주기만 했다. 그리고 침묵보다는 뭔가 의미 있는 말을 들으면서 자는 게 더 좋을 것 같아서 성경암송을 해줬다.

"성경암송을 해줄게. 어서 자자."

그래서 이 말에 둘 다 익숙하다. 그런데 오늘은 아이들이 잠을 자려다가 내게 물었다.

"엄마, 왜 길이 협착해요?"

마태복음 7장 7절부터 14절까지의 말씀을 듣다가 한 질문이다. 표면적인 설명이 아닌 신앙적인 의미를 설명해주고 싶은데 좀 어려웠다. 말이 길어지고 어려워지니까 사무엘이 다른 말을 하며 집중을 하지 않았다.

'오! 주님, 지혜를 주소서. 성경에 능한 어머니가 되게 하소서.'

하나님의 궁정이 된 우리 집 2010년 11월 25일

예배 때 하나님의 성품을 찬양하는 시간이 있다. 지금까지는 "살아계신 하나님을 찬양합니다"라고만 했는데, 오늘은 "우리 집을 하나님의 궁정이 되게 하신 하나님을 찬양합니다"로 바꾸었다. '궁정'이라는 말만 나오면 사무엘은 씨익 웃는다. 좋은가 보다.

'주님, 우리 몸이 주님이 거하시는 거룩한 성전이라고 하셨는데, 우리 아이들이 주님이 기뻐하시는 거룩한 성전이 되게 하옵소서. 하나님을 찬양할 줄 아는 입술이 열리게 하옵소서.'

생선을 달라 하는데 2010년 12월 6일

저녁 식사 때 반찬으로 생선구이를 해서 상에 올려놓았다. 생선을 밥 위에 올려주면서 사무엘에게 "너희 중에 누가 아들이 떡을 달라 하는데"까지 말하자, 사무엘이 "돌을 주며"라고 한다. "생선을 달라 하는데"라고 한 번 더 말해보았다. 역시 "뱀을 줄 사람이 있겠느냐"라고 이어 말한다. 사무엘과 다엘이가 평소에 말로 표현은 안 하더라도 부모의 목소리를 듣고 기억하고 있음은 틀림없는 사실인 것 같다.

성경암송을 수시로 해오긴 했지만, 그 밖에 주고받았던 부모의 말들도 아이들이 어떻게 기억하고 있을지 두렵고 떨린다. 성경암송을 하는 부모의 입에서 남의 이야기가 나오고, 불평과 한탄과 원망이 나온다면 아이들이 어떻게 생각할까?

'주님! 성경을 암송하는 입술이 그동안 거룩하지 못했음을 용서해주옵소서. 사무엘과 다엘이 성경암송을 하는 소리만 듣고, 다른 말들은 듣지 않고 있다고 생각했는데, 그것이 아님을 깨닫게 해주셔서 감사드립니다. 주님, 거룩한 입술로 정결케 하옵소서.'

아름다운
변화

중국을 비롯해 동남아의 여러 나라에서 코리안 드림을 품고 와서 한국 남성 혹은 여성과 결혼하여 자녀를 낳아 기르는 다문화가정을 돕기 위해 국가기관이나 민간 여러 단체들이 열과 성의를 다하고 있는 줄 압니다. 그러나 나는 물질과 문화적인 도움만으로는 그들을 행복하게 해주기 어렵다고 생각합니다.

그들 가운데 예수님을 믿고 성경암송훈련을 받은 한 가정을 지켜보면서 나에겐 굳은 믿음이 생겼습니다. 대구 믿음의교회에서 열렸던 성경암송학교 유니게 과정 51기 1,2단계를 이수하던 한족 출신이면서 남산교회에 출석하고 있는 조효연 집사의 암송일기를 소개합니다. 그녀는 믿음이 연약한 남편을 잘 섬기면서 어린 아들 다현(4세)과 딸 민주(2세)를 믿음으로 잘 기르고 있습니다.

기특한 네 살 아들의 믿음 2011년 3월 17일

아침에 아이들에게 옷을 입혀서 암송학교에 가려고 하는데 다현이가 갑자기 동생 민주 앞에 가더니 이렇게 말했다.

"민주야! '하나님께 가까이함이 내게 복이라' 알지?"

시편 73편 28절의 말씀을 말하는 것이다. 나는 깜짝 놀랐다. 그리고 깨달았다.

'암송학교에 가는 것은 우리에게 복이야. 많은 엄마들이 하나님 아버지께 가까이 가지 못하고 있는데, 우리는 암송학교에 갈 수 있다는 것이 정말 복이구나.'

암송학교에 가서 장로님의 강의에 큰 감동을 받았다. 특히 엄마로서 절대로 자녀들에게 하지 말아야 하는 세 가지 원칙이 오랫동안 기억에 남았다. 그중의 하나인 "자녀가 보는 앞에서 부부가 다투지 말라"라는 말씀을 들으면서 지금까지 아이들 앞에서 부부가 다툰 일이 거의 없었기에 참 기뻤다. 그러나 다른 두 가지는 마음에 많은 찔림을 받았다.

"자녀들이 엄마의 말을 듣지 않는다고 소리를 지르거나 때리지 말고, 조용히 손잡고 앉아서 하나님께 눈물의 회개기도를 드려라."

"동생 앞에서 형을 나무라지 말고 동생을 나무라고, 형에게는 동생이 없는 데서 조용히 '너는 형으로서 동생을 아끼고 보호해야지 동생과 다투면 되겠니?' 하며 인격적으로 타일러라."

암송학교를 다니기 전에 내 마음을 통제하지 못하고 아이들한테 반복적으로 소리를 지르면서도 속으로는 참 고통스러웠다. 그래서 유니게 과정 1단계를 공부하면서 화가 나도 암송을 하며 참으려고 노력했다. 또한 1단계 마지막 말씀인 고린도후서 5장 17절 말씀과 요한복음 15장 1절부터 17절 말씀은 암송할 용기가 없어서 삼 일 동안 마음고생을 했다. 그런데 하나님 아버지께서 말씀으로 닫혔던 내 마음이 열리게 해주시고 순종할 마음을 주셔서 얼마나 감사한지 모른다. 2단계에 이르러서는 일부러 참지 않아도 거뜬히 이겨낼 수 있었다.

오늘 암송학교에 다녀와서 휴대폰에 들어오는 문자를 보고는 감격의 눈물이 절로 났다. 다현이가 그런 나를 보며 말했다.

"엄마! 왜 눈물을 흘려요?"

"오늘 다현이와 민주가 암송학교에서 정말 잘했어. 네가 보채지 않고 씩씩하게 앞에 나가서 찬양하는 것이 생각나서 감동을 받아서 그래."

"엄마! 그러면 엄마도 앞에 나가면 되지요. 하나님이 엄마한테 축복해주실 거예요. 한 개도 아니고 많이 해주실 거예요. 엄마, 내가 기도할래요."

"그래, 다현이가 해봐."

"하나님 아버지! 변함없는 은혜와 사랑에 감사드립니다. 이 시간에 제가 303비전꿈나무모범생답게 해주세요. 그리고 우리 아빠가 더는 술을 못 마시게 해주세요. 주 예수님의 이름으로 기도드립니다. 아멘!"

남편이 퇴근 후 치과에 다녀오느라 8시에 귀가했다. 다현이가 잘까 봐, 남편에게 저녁 먹기 전에 먼저 가정예배를 드리자고 했더니 기꺼이 그러자고 해서 놀랍기도 하고 감사하기도 했다. 찬양하고 기도하고 고

린도전서 13장 1절부터 8절까지 다현이가 10분 동안 소리 내어 암송을
했다. 시간이 길어지면 남편이 부담스러워할까 봐 일본 대지진 얘기와
출애굽기 20장 5절 말씀을 해주었다. 신명기 28장 6절 말씀도 빠짐없이
해주고 예배를 마쳤다. 놀랍게도 남편이 머리를 끄덕이면서 조용히 들
어주었다.

기독교 방송에서 간증하래요 2011년 3월 23일

어제, 유니게 과정 1,2단계 암송 CD를 들을 때였다. 갈라디아서 2장
20절 말씀까지 잘 돌아가더니 더 나아가지 않고 이 말씀만 계속 반복되
었다. 기계가 고장났다고 생각했다. 그런데 오늘은 신명기 28장 1절부
터 6절까지의 말씀을 계속 반복했다. 왠지 하나님께서 오늘 내게 주시는
말씀이라는 생각이 들었다.

저녁에 기독교 라디오방송으로부터 간증을 해달라는 전화를 받았다.
내가 감당할 수 있을지 걱정이 되어 기도하고 결정하겠다고 말했다. 전
화를 끊고 나서 기도했는데 바로 응답해주셨다. 그래서 '순종하고 나가
겠습니다. 잘 감당할 수 있게 도와주시고, 은혜를 더해주세요'라고 기도
했다.

그날 저녁, 남편이 예배를 하루 쉬겠다고 하기에 부담을 주지 않으려
고 텔레비전을 끄고 조용히 쉬게 해주었다. 다현이도 6시에 잠들었다.
가정예배는 민주랑 손잡고 찬양과 율동을 하면서 행복하고 즐겁게 드렸

다. 다현이와 민주의 이름을 가사에 넣고 불렀더니 아주 좋아했다. 민주에게 여호수아서 1장 8절과 9절 말씀을 해주자 "응, 응" 하면서 끝까지 응답해준다. 축복기도를 할 때 다현이가 잠에서 깼다. 다현이는 자면서 우리와 함께 예배를 드린 셈이다.

"오늘 말씀을 다현이한테 다시 한 번 해줄게."

내가 세 번 정도 말씀을 암송해주고 다현이가 "아멘"을 한 후 예배를 마쳤다.

말씀암송교육의
바람직한
타이밍

흔히 유치부 나이의 어린이는 천방지축으로 겁 없이 뛰어다니기에 한시도 마음을 놓지 못하고, 항상 온 정성을 기울여 돌보아줄 대상으로만 여기기 쉽습니다. 그들을 붙잡고 뜻도 모르는 하나님의 말씀을 암송시킨다는 것은 무지한 어른들의 욕심일 뿐, 지혜로운 처사가 아니라고 세상 사람들은 말하지요. 나도 10여 년 전에는 그렇게 생각했거든요.

1999년에 출범한 303비전성경암송학교 유니게 과정을 열기 전, 나는 성실히 준비하기 위해 그 전년에 장로로 섬기던 교회에서 일 년 동안 성도 가운데 자원하는 젊은 엄마들에게 암송교육을 시도했지요. 처음엔 초등학교 3학년 이상의 자녀를 둔 엄마들에 한해서 지원할 자격을 주었습니다. 그보다 어린아이들에게 성경을 암송시킨다는 것은 무리라고 생각했기 때문이지요.

그러나 유치부에 다니는 자녀를 둔 엄마들의 간청에 못 이겨 그들에게도 허락해주었습니다. 그런데 뜻밖의 현상이 일어난 것을 보았습니다. 한 부교역자 가정에 초등학교 4학년의 아들과 유치부의 딸이 있는데, 오빠보다 동생이 훨씬 암송을 잘하는 게 아니겠어요? 그때 '아하, 어릴수록 말씀암송을 더 잘하는구나' 하고 깨달았습니다. 그리하여 유니게 과정에서는 어린아이일수록 더 환영하게 되었지요.

일반적으로 요즘 아이들은 초등학교 2학년만 되어도 부모의 말을 잘 듣지도 않을 뿐 아니라, 하기 힘든 암송을 좋아하지 않는답니다. 평소의 가정 분위기, 부모와 자녀와의 대화 등 친밀도에 따라 차이가 많이 나기도 하고 개인의 능력의 차이가 있기도 하지만, 만 5세부터 7세까지의 어린이가 부모의 말도 잘 듣고 암송 능력도 왕성합니다.

이 시기가 암송교육의 바람직한 타이밍입니다. 실제로 303비전꿈나무모범생들 가운데 이 연령대의 어린이가 전체의 절반을 넘습니다. 이 타이밍을 놓친 채 자라고 있는 어린이들을 볼 때 나는 가슴이 찢어질 듯한 아픔을 느낍니다.

다음은 다섯 살 된 아들 우림이와 세 살 된 딸 아인이에게 말씀암송을 열심히 가르치는 구미 인동교회 최외숙 사모님의 암송일기입니다.

나무 블록 십자가 2011년 3월 25일

갈라디아서 2장 20절 말씀을 암송하면서 아이들이 베란다에 있는 나무 블록을 거실에 다 쏟아붓고 내게 가위와 테이프를 가져다 달라고 하더니 어느새 십자가를 만들어 거실 벽에 붙여달란다. 그런 다음 두 아이가 그 십자가 옆에서 양손을 벌려 십자가 모양으로 서 있더니 이번엔 카메라를 가지고 와서는 사진을 찍어 보여달라고 했다.

잠시 후, 우림이가 멜로디언 줄로 머리띠를 만들어 머리에 두르고는 내게 와서 "엄마, 예수님의 가시 면류관이에요"라고 설명한다. 오빠가 하면 뭐든 따라 하는 따라쟁이 아인이가 자기도 해달라고 조르는 바람에 우림이 머리에 있는 멜로디언 줄을 아인이 머리로 옮겨주었다. 그랬더니 재치가 넘치는 우림이가 고무 밴드를 찾아와서는 자기 머리에 둘렀다. 그러고는 둘이 나무로 만든 십자가 옆에 앉아 사진을 찍었다.

세 살 아인이도 드디어 고린도후서 5장 17절 말씀을 암송하게 되었다. 그래서 오빠가 창세기 1장 1절, 고린도후서 5장 17절 말씀을 암송 복습할 때면 소파에서 어깨동무를 하고 함께 암송하는 것을 날마다 동영상으로 찍어서 보여달라고 한다.

아이들과 하루 종일 집에서 지내다보면 때로는 힘들어서 짜증이 날 때도 있고, 해서는 안 될 말을 할 때도 있다. 그래도 감사한 것은 아이들의 마음에 심겨진 말씀이 그대로 행동으로 드러나는 것을 보며 내 모든 수고와 힘듦이 웃음과 함께 날아가버린다. 그러면 어느새 내 안에 감사의 고백과 아이들을 사랑하는 마음이 가득하게 된다. 아이들을 하나님께서 기뻐하시는 대로 키우기 위해 내가 날마다 더 성숙해져야겠다는 마음을 부어주셔서 얼마나 감사한지 모른다.

보온병 뚜껑 사진기 2011년 3월 26일

꿈나무모범생 사진이 실린 포스터를 거실 벽에 붙인 후부터 재밌는 일들이 계속 일어나고 있다. 언제부터인가 우림이는 보온병 뚜껑으로 찰칵 소리를 내며 포스터에 있는 형과 누나와 친구들의 사진을 매일 찍어주고 있다. 꼼꼼한 우림이는 하루도 거르지 않고 이 작업을 계속한다. 그것도 나와 오전에 한 시간 조금 넘게 암송 복습을 하고 난 후에 말이다. 며칠 동안은 그냥 가지고 노는가 보다 생각했는데 계속하기에 왜 사진을 찍어주느냐고 물어보았다.

"암송하느라고 모두들 수고했다고요."

누군지 알 수 없는 형과 누나들이 더 많지만 암송을 열심히 해서 선발식에 참가한 모든 사람들에게 수고했다고 말해주고 싶었나 보다.

저녁 식사 준비를 하다가 우림이가 큰방에서 뭐하나 싶어 들어갔더니 베란다에서 돗자리를 가져와서 깔고, 휴대용 도시락통 위에 책을 깔아놓고 있었다.

"우리는 소풍을 나왔어요. 그래서 지금 예배드리고 있어요."

두 남매가 아주 행복한 얼굴로 웃고 있다. "말씀으로 천지만물…" 꿈송까지 부르면서.

'그래, 어딜 가나 암송하고, 암송예배를 드리고, 찬양드리는 예쁜 우리 천사들. 비록 온 방을 초토화시켜놓고 아무렇지도 않게 웃지만 이 천사들을 어찌 내가 야단칠 수 있겠나?'

나도 침대로 올라가서 같이 박수치며 신나게 꿈송을 불렀다.

할아버지와 할머니께 말씀암송 선물을! 2011년 3월 28월

어젯밤에 우림이가 할아버지 댁에 가면 말씀 200절을 암송해드린다고 말했다. 오늘 아침, 피곤할 텐데 우림이가 가장 먼저 일어났다. 고모가 오전 근무만 하고 온다고 해서 점심 식사 후에 암송 발표를 하기로 했다. 그동안 우리는 해운대 바닷가에 가서 조개껍질을 줍고, 갈매기들이랑 한참 뛰어다니고, 연날리기도 구경하면서 신나게 놀았다.

점심을 먹고, 암송 발표회를 시작할 차례가 되었다. 할아버지와 할머니, 아빠와 고모가 모두 자리에 앉아서 우림이의 암송 발표를 기다리고 있었다. 설거지를 하고 있는 내게 "엄마도 와서 앉으세요" 하고 동생에게 "아인이도 와서 앉아라" 하는 우림이의 모습이 제법 어른스럽다. 도망다니는 아인이를 겨우 붙잡아 앉혀놓자 우림이의 암송 발표회의 막이 올랐다.

"할렐루야! 예수님의 참제자!"

크게 선포한 후 우림이의 고린도전서 13장 암송이 시작되었다. 할아버지께서 기뻐하시는 표정이 역력했다. 한 편의 암송이 끝나면 "아멘"을 크게 외치시며 "우리 우림이, 암송 잘하네"라고 하시면서 기뻐하셨다. 그런데 우림이가 시편 100편을 암송하고 산상수훈으로 넘어가자 말씀도 헷갈려 하면서 눈을 비비기 시작했다.

오전에 바닷가에서 신나게 놀아서 졸린 것 같았다. 결국 200절까지 암송을 다 하지는 못했지만 고모한테 멋진 오토바이 장난감을 선물로 받고, 할아버지께 용돈까지 받았다.

할아버지와 할머니께 귀한 암송 선물을 헤드릴 수 있어 정말 기뻤다. 손자 손녀들이 토끼입 같은 입술로 하나님의 말씀을 선포하는 모습이 얼마나 귀엽고 사랑스러우셨을까!

네 살 자녀가
챙기는
말씀암송가정예배

생각이 바뀌면 행동이 바뀌고, 행동이 바뀌면 생활습관이 바뀌고, 생활습관이 바뀌면 인생이 바뀐다고 합니다. 어린 자녀를 존귀하게 여기고 그들에게 어려서부터 하나님의 말씀을 암송시키면서 날마다 자녀 중심 가정예배를 드리는 습관이 몸에 배게 되면, 엄마가 몸이 불편하여 쉬고 싶어도 반드시 정해진 시간이 되면 가정예배를 드리지 않고는 배기지 못하게 됩니다.

또한 가정예배에 대한 생각이 바뀌면 부담스러웠던 가정예배가 즐거운 가정예배로 바뀔 뿐 아니라, 예배를 일주일에 한두 번이 아니라 날마다 드리게 됩니다. 이렇게 쉽고도 확실한 신앙생활의 변화를 왜 모든 교회와 가정들이 경험하지 못하고 있을까요? 고정관념에 사로잡혀 있거나, 새로운 아이디어에 무관심하기 때문이 아닐까요? 먼저는 교회 지도

자들의 굳게 닫힌 마음문이 활짝 열려져야 하겠고, 또 성도들이 새로운 도전에 민감해야 하리라 생각됩니다.

아주 평범하면서도 진솔한 한 엄마의 일기를 나누고 싶습니다. 대전 염광교회 강진영 집사가 아들 헌영(6세)과 딸 하은(4세)이와 유니게 과정 52기 1단계 수료 후 2단계 수강 중에 쓴 일기입니다.

말씀암송 체크표 2011년 4월 6일

말씀암송 체크표를 만들어야겠다고 생각하면서도 계속 미루고 있다가 드디어 오늘 만들게 되었다. 스스로 체크하면서 암송하다보니 하나라도, 한 번이라도 더 체크를 하기 위해 체크표 앞에서 암송을 더 하는 내 자신을 보게 되었다. 내친 김에 아이들에게도 자기들 손으로 칭찬 스티커를 붙이도록 표를 만들어주었다. 예배를 잘 드리고, 암송을 잘했을 때 스티커를 주면서 직접 붙이게 했더니 얼마나 신바람을 내는지! 그 모습이 마치 암송 체크표 앞에서의 내 모습을 보는 듯했다.

말씀암송 자장가 2011년 4월 10일

하루의 모든 일과를 마치고 암송예배를 드릴 시간이었다. 주말에만 얼굴을 볼 수 있는 아빠가 아이들에게 "이제, 그만 자자"라고 말하자, 작은 아이가 "우리, 말씀암송예배를 드려야 해요" 하며 책을 들고 나왔다.

기특한 녀석! 그렇게 말씀암송가정예배를 드리던 중 두 녀석이 낮잠을 덜 자서인지 갈라디아서 2장 20절을 암송할 때부터 스르르 옆으로 눕더니 코를 골며 자버린다. 그때 문득 자면서도 귀는 열려 있다는 말이 생각나서 30분 동안 혼자 암송하면서 아이들에게 자장가로 들려줬다.

평생 동안 말씀이 아이들과 함께 2011년 4월 12일

오늘도 암송예배를 무사히 마칠 수 있었다. 이렇게 하면 가을에는 우리 아이도 303비전꿈나무모범생이 될 수 있겠다는 희망이 생긴다. 부지런히 해서 장학생으로 청소년기까지, 아니 평생 동안 말씀이 아이들과 함께 살아 역사하시기를 기도한다. 그리고 빨리 성령 체험을 하는 날이 오기를…. 그때는 아이들이 내가 시키거나, 강요하지 않아도 스스로 암송할 것을 기대해본다.

스티커 경쟁으로 말씀을 끝까지 암송하고, 읽기도 하며, 기도를 마치니 어느새 30분이 훌쩍 지났다. 예배를 잘 드리면 책을 읽어준다고 아이들에게 약속해서 책도 읽어주었다. 취침 시간이 다소 늦어졌지만 할 일을 하고 나니 마음이 한결 가볍다.

나의 감독자 2011년 4월 13일

몸이 많이 안 좋아서 교회에서 나눠준 가정예배지를 따라 예배를 드리고 일찍 쉬려고 하는데 작은 아이가 "엄마, 우리 암송예배는 언제 드려요?" 하면서 오빠 책이랑 자기 책을 들고 나왔다. 그래서 내가 말했다.

"그럼 노래는 부르지 말고 암송하자."

그런데 아직 글씨도 모르는 작은 아이가 노래 가사가 있는 부분을 펴더니 언제 외웠는지 먼저 맘송을 선창했다. 결국 꿈송까지 다 부르고 암송예배 후 기도회까지 1시간여 동안 예배를 꼬박 드렸다. 아이가 꼭 감독자가 된 것 같다. 그래도 엄마가 힘들어할 때 아이들이 촉구하며 일깨워주니 얼마나 감사한지!

새로운
생명의
잉태와
말씀암송

규장과 갓피플 형제자매들 70여 명이 월요일부터 금요일까지 날마다 아침 7시 30분경부터 2층 예배실에 모여 앉아 8시 20분까지 소리 높여 방언기도로 하루를 열어온 지 오래입니다. 그 후엔 10분간 인도자의 기도와 선창으로 찬송을 부릅니다. 일주일 중 유니게 과정 교육이 없는 수요일 아침엔 30분간 내게 말씀증거의 시간이 주어집니다.

나는 생활과 밀접한 관계가 있는 말씀을 나눕니다. 곧 하나님을 사랑하는 이에게는 고난은 변장하고 다가오는 축복인가 하면, 또한 깊은 잠에서 깨어나게 하는 영적 기상나팔이 될 수 있다는 것을 가리키는 시편 119편 67절과 71절을 함께 암송하면서 내 체험을 말하는 등 주로 말씀의 생활화에 관한 이야기를 나눕니다. 그러다보니 몇몇 젊은이에게는 말씀암송이 마음의 부담이 되기도 하지만, 대부분은 신선한 기쁨의 시간이 된다고 간접적으로 말합니다.

> 고난당하기 전에는 내가 그릇 행하였더니 이제는 주의 말씀을 지키나이다
> 고난당한 것이 내게 유익이라 이로 말미암아 내가 주의 율례들을 배우게 되
> 었나이다 시 119:67,71

갓피플 직원이었던 윤지은 자매는 결혼하여 새로운 생명을 잉태하
고 유니게 과정 54기 1단계에 뒤늦게 참여한 후 여러 가지 느낀 점을 진
솔하게 썼습니다.

말씀이 너무너무 좋아서 2011년 4월 14일

오래전부터 알고 있었지만, 스스로 가볼 생각을 하지 못했던 303비전
성경암송학교에 참여하게 되었다. 임신 소식을 알게 된 몇 주 후, 4개월
먼저 임신한 교회 언니가 책 한 권을 내밀며 "이거 다 읽으면 너랑 할 얘
기가 있어"라고 말했다. 그 책은《말씀이 너무너무 좋아서》였다.

'이건 우리 집에 오래전부터 있던 책이 아닌가!'

갓피플에서 일할 당시 이 책이 출간되었고, 저자이신 여운학 장로님
께서 직접 사인까지 해서 선물해주셨는데, 감사하게 받아놓고는 여태
끝까지 읽어보지 않았다. 그날로 집에 돌아와 꼼꼼히 읽어보았다. 미혼
일 때는 몰랐는데 임신을 하고 나니 책의 내용이 상당히 흥미롭게 다가

왔다. 나는 순식간에 다 읽고 나서 추천해준 언니에게 전화를 걸었다.

"언니, 저 책 다 읽었어요."

"그래, 내가 무슨 말을 하려는지 알겠지?"

"네, 암송학교 같이 가자고요?"

"응, 다음 주부터 시작이야."

그렇게 유니게 과정 54기에 참여하게 되었다. 그런데 놀라운 점이 한 두 가지가 아니었다. 그동안 수많은 엄마들이 이 과정을 거쳤다는 것과 오늘도 수많은 엄마들이 아이들을 데리고 어렵게 나와 열심히 수업에 참여하고 있다는 것, 그리고 성경암송이 재미있게 느껴질 수 있다는 것 이 정말 놀라웠다.

장로님을 비롯해 그곳에서 일하시는 모든 스태프 분들이 좋은 것을 나눠주고픈 진실된 마음으로 진행하시는 것이 참 인상적이었다. 장로님 께 듣는 강의들과 성경암송의 유익, 같은 마음으로 모인 엄마들과의 교 제를 통해 앞으로 6주 동안 변화될 나의 삶이 기대된다.

엄마도 암송하고 싶다 2011년 4월 16일

토요일에 친정에 식사하러 간 자리에서 엄마에게 303비전성경암송학 교에 대한 이야기를 들려드렸다. 엄마는 오랜 신앙인이시지만 내게 한 번도 암송에 대해 말씀하신 적이 없어서 반응이 그냥 그럴 것이라 생각 했는데 단박에 "엄마도 암송하고 싶다"라고 하셨다. 엄마와 같은 사람은 한두 명이 아니었다. 어제와 오늘 만난 사람들에게 303비전성경암송학교에 대한 이야기를 하면서 놀라운 사실을 알게 되었다.

많은 크리스천들이 암송에 대한 유익을 알고, 하고 싶은 마음은 있으나 어렵고 부담스럽다는 이유로 시작을 못하고 있는 것 같다. 나는 그들에게 여운학 장로님의 책《말씀이 너무너무 좋아서》를 빌려주고 '303비전성경암송노트' 선물과 '하니비 암송법'도 알려줘야겠다고 생각했다. 혼자서도 잘하면 좋겠지만 주변 사람들과 함께하면 게을러질 때 서로 도전이 되고 좋지 않겠는가!

우리 교회에서 매주 한 번 있는 여성선교회 기도모임에서 한때 성경암송을 했던 기억이 났다. 그때 주도하던 언니는 유니게 과정 1,2단계를 수료했는데 언제부터인가 흐지부지되어버렸다고 했다. 그 언니에게 기도모임 때 다시 성경암송을 하자고 건의했고, 그녀도 흔쾌히 찬성했다. 알고 보면 우리 교회에도 유니게 과정을 거친 자매들이 많은데, 장로님 말씀처럼 그 이후까지 삶으로 계속 실천되지 않으니 드러나지 않았던 것이다.

성경암송은 한 번 맛본 사람들에게 꿀과 같이 단 은혜로 남아 있고, 그래서 언제라도 다시 시작할 준비가 되어 있음을 보며 다시 한 번 암송학교에 다니게 된 것에 감사했다. 이제는 내 자신이 암송에 흠뻑 취해서 삶에 말씀암송이 자리를 잡도록 노력하는 것이 남았다. 주님의 도우심과 은혜를 구해야겠다.

암송 잘하고 있니? 난 너무 어렵다 2011년 4월 18일

"지은아, 암송 잘하고 있니? 난 너무 어렵다. 특히 손가락으로 절을 세어가며 하는 것이 정말 헷갈리고 어려워."

함께 성경암송학교에 다니는 언니에게서 전화가 왔다. 수업을 듣고 집에 돌아오던 길에는 우리 둘 다 의욕이 충만해서 암송말씀을 적을 노트도 부족할 것 같아 추가로 더 샀는데, 막상 집에 돌아오니 고린도전서 13장 전장을 외우는 것이 생각보다 잘되지 않았다.

잠자리에서나 대중교통을 타고 있을 때 마음속으로 말씀을 천천히 암송하다보면 손가락으로 절을 세는 것도 잊어버리고 배울 때와는 다르게 빠른 속도로 외워지지도 않았다. 어떤 내용들이 있었는지는 기억이 나는데 정확한 어휘와 순서가 헷갈렸다. 그래서 성경암송노트를 아예 통째로 외우셨다는 암송학교 실장님의 말이 떠올랐다.

'페이지를 통째로 외우면 소제목과 순서와 내용이 기억날 텐데…'

성경암송노트를 보면 첫째 주에 외워야 할 말씀이 네 가지나 되는데, 한 가지도 제대로 못하고 있으니 앞으로 계속 잘할 수 있을지 의구심이 들었다.

'우리 조에서 내가 가장 어릴 뿐만 아니라 직장을 다니거나 아이를 키우는 것도 아닌데 이 정도라면, 일하면서 아이를 키우며 암송하는 엄마들은 얼마나 더 어려울까.'

하지만 겨우 5일밖에 안 되었고, 암송은 앞으로 평생할 거니까 미리 지치지 말고 꾸준히 노력해봐야겠다.

사랑은 오래 참고 사랑은 온유하며 2011년 4월 20일

암송학교 시간이 내일로 다가왔다. 처음엔 어렵기만 하던 암송이 이제는 필기의 속도가 암송의 속도를 못 따라가서 적을 때마다 손이 아프다. 함께 다니는 언니는 지난 일주일간 여러 가지 안 좋은 일들이 생겨서 그 일들을 처리하느라 숙제를 하나도 못했다고 힘들어했다. 주의 자녀들이 주님의 보좌 앞으로 좀 더 나아가고 은혜를 체험하려고 하면 사단들이 공격한다더니, 나도 오늘 하루는 정말 힘들었다. 따지고 들면 불의함을 충분히 내세울 수 있는 상황들과 화내고 싶은 순간들이 몇 번이나 있었다.

이것이 임신 초기 감정의 기복 때문일 수도 있지만 웬만하면 웃으려 노력하는 나에겐 낯선 감정들이었고, 순간순간 어떤 표정을 짓고 어떤 말들을 해야 할지 어려웠다. 그래서 암송한 말씀을 수시로 떠올렸다.

"사랑은 오래 참고 사랑은 온유하며 시기하지 아니하며 자랑하지 아니하며 교만하지 아니하며 무례히 행하지 아니하며… 모든 것을 참으며 모든 것을 믿으며 모든 것을 바라며 모든 것을 견디느니라."

암송의 힘은 이럴 때 발휘되는 것 같다. 진리의 말씀 앞에 그 어떤 것도 먼저일 수 없다. 얼른 감정을 추스르고 사랑에 대해 묵상하며 나를 돌아보았다. 그러자 크게 느껴지던 일들이 사소하게 보였다. 게다가 이번 주는 고난주간이다. 나의 죄를 위해 힘든 길을 가신 주님을 묵상하며, 예수님이 보여주신 참사랑을 생각할 때, 어찌 나의 의를 내세우고 불평할 수 있을까. 정결한 마음을 위해 기도하며 내일 수업을 기대해야겠다.

사탄이
가장
싫어하는 것
두 가지

나는 유니게 과정 교육시간에 이런 질문을 가끔 던집니다.

"여러분, 사탄이 가장 싫어하는 것 두 가지를 말해보십시오."

답은 자명합니다. '전도'와 '말씀암송'이죠. 물론 예배, 기도, 찬송, 성경공부 등 많이 있겠지만, 그 무엇보다도 하나님께서 가장 기뻐하시는 것은 영혼을 살리는 전도(마 28:19, 막 1:38; 16:15; 눅 4:43)와 하나님이신 말씀을 내 안에 모셔 들이는 말씀암송(요 1:1; 15:7; 수 1:8)이기에 사탄이 가장 두려워하고 결사 훼방하는 것이겠지요. 실제로 전도자는 늘 사탄의 집중 공격을 받게 마련입니다. 마찬가지로 말씀을 암송하려는 사람도 늘 사탄의 방해 공작에 직면하게 됩니다.

특히 어린 자녀에게 말씀을 암송시키고 날마다 암송가정예배를 드리려고 하면, 사탄이 온갖 방법으로 훼방하는 것을 많이 경험하게 됩니다.

그럼에도 불구하고 성령에 온전히 의지하고 간절히 기도하면서 온 마음을 다해 힘쓰면, 사탄은 마침내 물러가고 주께서 크고 기이한 일을 보여 주십니다. 유니게 과정 54기 1단계 교육을 받은 주내힘교회 백진화 집사의 일기를 통해 영적 전투의 승전가를 함께 나누고 싶습니다.

영적 전투 2011년 4월 8일

첫째 로은(4세)이를 키우면서 우연히 《말씀이 너무너무 좋아서》를 읽고 많은 은혜와 도전을 받았다.

'이 책을 왜 이제야 읽게 되었을까? 로은이를 임신했을 때 알았다면 아이가 더 좋은 성품을 가진 슈퍼 신인류로 태어날 수 있었을 텐데….'

로은이는 건강하고 잘생긴 아이지만 24시간 중 20시간 가까이 안고 있을 정도로 잠을 자지 않고 계속 울어대서 엄청 고생했다. 그래서 둘째는 꼭 말씀암송으로 태교하고, 더 좋은 성품의 아이로 낳아서, 어려서부터 말씀을 암송시키리라고 마음먹었다. 그런데 막상 둘째를 임신하고 보니, 직업을 가진 엄마로서 이 핑계 저 핑계를 대며 암송교육을 받는 일을 차일피일 미루게 되었다.

결국 임신 7개월이 되어서야 더 이상 미룰 수 없다는 굳은 의지로 갓 피플에 들어가 알게 된 유니게 과정! 마침 같은 교회 동생이 임신을 했다는 소식에 우선 《말씀이 너무너무 좋아서》를 선물하여 읽게 했다. 그런 다음 함께 다니자고 하니까 흔쾌히 허락을 했고, 어느새 주님이 동역자까지 붙여주신 것을 알게 되었다.

그렇게 첫 수업을 은혜 가운데 받고 '이제부터는 말씀암송도 열심히 하고, 일기도 성실하게 써야지'라고 생각했는데 생각지도 않은 일들이 터지기 시작했다. 아이를 양육하면서 옷 가게 일을 도와주고 있던 친정 어머니가 갑작스럽게 무릎 수술을 받게 되어 모든 생활 리듬이 틀어진 것이다. 엎친 데 덮친 격으로 시어머니가 환갑을 맞이한 기념으로 한 달 반의 스리랑카 여행길에 오르면서 로은이를 딸려 보내게 되었다. 그렇게 정신없는 일주일을 보내고 어느덧 두 번째 수업 전날 수요일이 되었다.

나름 기도로 준비했는데 일주일을 분주하게 지내다보니 말씀암송도 일기도 그 무엇도 하지 못했고, 더구나 교육이 있는 목요일이 친정 어머니의 수술날과 겹쳐서 두 번째 수업마저 빠져야 하는 상황까지 되었다. 마침 함께 다니는 교회 동생한테 전화가 와서 내 형편을 얘기했고, 비록 암송 숙제와 일기 쓰는 일은 못했지만 내일 수업에는 참석할 수 있게 해 달라고 기도를 부탁했다.

나는 몸도 마음도 지쳐 있었고, 무엇보다 아무것도 하지 못한 자신이 정말 부끄러웠다. 그날 저녁, 매장에 나가 말씀암송책을 폈다. 손님이 없을 때를 이용해 고도의 집중력으로 말씀을 외우기 시작했고, 새벽 2시 까지 일을 하고 집에 돌아와서 피곤한 몸으로 기도했다.

'주님, 아시죠? 지금 제 상황을요. 전치태반까지는 아니어도 아기가 아래로 내려와 있어서 절대 무리해서는 안 되는 상황에, 친정 엄마의 수술로 매일 새벽 2시까지 일해야 되는 형편이에요. 그리고 제가 사는 동인천에서 말씀암송교육 현장에 가려면 7시 30분에는 일어나야 해요. 지쳐 있는 제게 힘을 주시고 우리 하은(둘째 태명)이도 잘 지켜주세요. 또 내일 일어났을 때 자신과의 싸움에서 승리할 수 있게 해주세요. 그래서 6주 동안 유니게 과정 1단계를 은혜 가운데 무사히 마칠 수 있도록 도와주세요.'

그렇게 간절한 기도를 드리다가 잠이 들었다. 그런데 알람시계가 채 울리기도 전에 눈이 떠졌고, 시계를 보니 정확히 7시였다. 머리가 좀 멍하긴 했지만 몸은 가볍고 상쾌했다. 정신부터 차리고 외출 준비를 하며, 생각보다 이른 시간에 일어나서 생긴 30분의 여유 시간에 어제 미처 못 외운 고린도전서 13장 9절부터 13절까지의 말씀을 외울 수 있게 되었다. 그렇게 하나님은 내가 일어나야 할 시간까지 기억하시고 준비시켜 주셨다.

물론 숙제는 하지 못했지만 전철을 타고 가는 동안 계속 말씀을 외운 결과, 다른 건 몰라도 암송은 잘할 수 있게 되었다. 그것만으로도 마음이 한결 가벼워졌고, 주님께 감사했다. 두 번째 수업 시간에 다른 사람들도 영적 전투가 치열했다는 얘기를 들으면서 언젠가 들었던 목사님의 말씀이 생각났다.

"우리가 옳은 길을 가려고 하면 사탄이 더 심하게 방해합니다. 그래서 더 치열한 영적 전투를 해야만 할 때가 오게 마련입니다. 성도는 그럴 때 결코 낙망하거나 두려워하지 말고 담대하게 대적해야 합니다. '이 길이 하나님께서 기뻐하시는 옳은 길이기에 너희가 이처럼 방해하는구나.

어림없다! 너희가 아무리 방해하고 막아도 나는 더 열심히 주님께 한걸음씩 나아갈 것이다' 하고 말입니다."

힘든 한 주였지만 더 큰 은혜를 받기 위한 준비 과정이었음을 믿는다. 주께서 항상 나와 함께하심에 힘내어 유니게 과정을 잘 마치고, 자녀들도 303비전꿈나무장학생으로 만들어, 예수님이 기뻐하시는 가정, 주님께 쓰임받는 가정이 되길 소원한다.

일곱 살
형원이의
가족을 위한
기도

세상에서는 이른바 교육학 박사요, 교수라고 하는 사람들이 이렇게 말합니다.

"어린이는 어린이답게 자라야 한다. 어린이가 야단맞을 짓도 저지르지 않고 얌전하고 예의 바르게만 자란다는 것은 자연스럽지 못할 뿐 아니라 바람직하지도 않다."

제법 그럴듯하게 들립니다. 그 말에 일리가 있을 수 있습니다. 그러나 진리의 말은 아닙니다. 그렇다면 어린 자녀를 진리의 말씀대로 키우기 위해 어떻게 하는 것이 좋을까요?

사람은 어려서 익힌 습관이 그의 평생을 좌우합니다. 잠언 22장 6절 말씀은 우리의 속담인 "세 살 버릇이 여든까지 간다"라는 말과도 상통합니다.

마땅히 행할 길을 아이에게 가르치라 그리하면 늙어도 그것을 떠나지 아니하리라 **잠 22:6**

Train a child in the way he should go, and when he is old he will not turn from it **(NIV)**

오늘날 세계를 움직이는 사람들은 어떻게 자랐을까요? 세계를 이끌어가는 나라와 그 백성은 어떤 나라이며 어떤 사람들일까요? 역대 노벨상 수상자들 중 20퍼센트 이상이 세계 인구 중 매우 소수에 불과한 이스라엘 민족이며, 지금 세계의 경제, 정치, 문화, 군사 전반을 이끌어가는 미국의 역사는 청교도의 가정에서 태어나 어려서부터 성경을 배우며 익히고 자란 사람들에 의해 이루어져왔습니다. 또한 오늘의 미국이 소수 민족인 유태인들에 의해 움직이고 있다는 사실을 직시할 필요가 있다고 생각합니다.

이스라엘 사람들은 일찍이 토라(모세 5경)를 가정과 학교에서 온전히 암송할 뿐 아니라, 이를 삶에 적용하는 훈련을 시켜왔습니다. 한편, 우리는 성경 66권, 곧 온전한 하나님의 말씀을 가정과 교회에서 읽고 배우고 암송까지 할 수 있는 은혜를 받으며 살고 있습니다. 우리의 자녀들이 어려서부터 성경 말씀을 암송하고, 그 말씀을 수시로 묵상하며 삶에 적용하고 실천할 수 있게 된다면 30년, 60년, 100년 안에 세계를 이끌어갈 글로벌 인재들이 우후죽순처럼 나오게 될 것입니다.

이와 같은 황홀한 꿈, 곧 303비전을 품고 수많은 젊은 어머니들이 지금 전국 각지에서 유니게 과정을 통해 말씀을 암송하고 있고, 어린 자녀들에게는 암송이 삶의 본으로 가르치고 있습니다. 더욱이 말씀암송태교로 예수님을 닮은 온유한 마음을 가지고 태어나는 슈퍼 신인류들이 날로 늘어나고 있습니다.

다음은 대구 달서교회(현재 수원영광교회)의 부교역자 민병이 목사의 내조자 예나영 사모가 일곱 살인 형원(제8기 303비전꿈나무 으뜸모범생, 323절 암송), 다섯 살인 강현(제9기 303비전꿈나무 으뜸모범생, 100절 암송), 두 살인 사랑(303비전 슈퍼 신인류)이를 암송으로 양육하며 쓴 일기입니다.

어머니, 점검해주세요 2011년 5월 16일

강현이가 많이 아픈 탓에 두 아이 모두 암송학교에 참석하지 못했다. 대신 아빠가 집에서 아이들과 함께 시간을 보내게 되었다. 저녁이 되어갈 무렵, 암송학교도 안 갔으니 암송은 꼭 하고 자야겠다 싶어 피곤해하는 아이에게 "형원아, 암송하자"라고 말했다.

"예, 어머니."

한마디 불평 없이 순종하는 형원이가 얼마나 기특한지!

'이제는 매일 암송해야 함을 알고 실천하는 나와 자녀의 모습을 보시면서 하나님은 얼마나 기뻐하실까.'

암송을 혼자 열심히 하던 아이가 "어머니, 점검해주세요"라고 한다. 오늘은 이사야서 53장 마지막 12절 말씀을 다 외우고 나서 1절부터 복습

했다. 형원이가 말했다.

"어머니, 5절이 가슴에 와 닿아요. 그가 찔림은 우리의 허물 때문이요, 그가 상함은 우리의 죄악 때문이라."

다시 한 번 외우면서 예수님께 감사하는 시간을 가지게 되었다. 그리고 죄를 대적하며 열심히 싸울 것을 약속했다.

"형원아, 우리 이제 서로를 위해 축복기도를 해주자. 엄마부터 기도해줄게."

"예수님의 참제자, 예수님의 거룩한 제자가 되는 것이 형원이의 삶의 목표가 되게 해주세요."

내가 기도를 간단히 마치자, 형원이가 이어서 기도한다.

"어머니를 대적하는 잠과 피곤함이 물러가게 해주시고, 힘들지 않도록 도와주세요. 그리고 우리 사랑이가 밤에 무섭지 않도록 지켜주시고, 좋은 꿈을 꾸게 해주세요."

슈퍼 신인류 동생을 위해 기도해주는 것도 잊지 않았다. 날마다 엄마와 동생들을 위해 기도해주는 형원이가 있어서 정말 감사하고 행복하다.

축복기도 해주고 싶어요 2011년 5월 17일

"어머니, 제가 축복기도 해주고 싶어요."

형원이가 자기 전에 늘 하고 싶어하는 순서다.

"강현이의 병이 떠나가게 하시고, 내일 건강하게 일어나도록 도와주세요. 아버지가 할머니께 갔다가 새벽에 오시는데, 안전하게 올 수 있도록 도와주세요. 사랑이가 잘 때 좋은 꿈을 꾸게 해주시고, 제가 밤에 잘 때도 하나님이랑 블록쌓기를 하고, 함께 뛰노는 꿈을 꾸게 해주세요. 예수님의 이름으로 기도드립니다. 아멘."

요즘 들어 형원이가 기도하는 걸 재미있어하고 즐거워하는 것 같다. 아이가 평생을 즐겁게 기도하는 사람이 되기를 간절히 소망한다. 아침에 일어나서 공부하고 암송을 혼자 하는 아이를 보는 것이 삼 일째다. 기특하기도 하고 내가 좀 편해졌다는 사실에 기분이 좋았지만, 이제는 나 혼자 암송할 시간을 떼어놔야 하니 보통일은 아닌 것 같다. 말씀을 내 안에 모셔 들인다는 건 정말 소중하고 귀한 일이지만, 수고와 노동이 반드시 따라야 함을 다시 기억하게 된다.

이제 제가 가르쳐줄게요 2011년 5월 20일

형원이가 요즘 암송의 요령을 터득했는지 혼자 암송하고 나면 아주 뿌듯해하고 즐거워한다.

"어머니, 오늘은 저 혼자 다섯 절 암송해볼래요."

"그래, 한번 해봐."

한 20분쯤 있으니 "어머니, 점검해주세요"라고 한다. 아이의 암송노트를 점검하려고 봤더니, 실장님이 가르쳐준 대로 1번, 2번 번호가 매겨져 있는 것이 아닌가! 로마서 12장 은사 부분을 외우는데, 1번 예언, 2번 섬기는 일, 이런 식으로 번호를 매기면서 외웠던 것을 알 수 있었다.

"너, 이제 암송 선생님을 해도 되겠네."

형원이가 입이 계속 귀에 걸리더니 어쩔 줄 몰라 한다.

"어머니, 이제부터 제가 가르쳐줄게요."

그러더니 어느새 암송 선생님 노릇을 톡톡히 한다.

마음문을 여는 말씀암송

● 말씀암송의 복을 누리자

2장

말씀암송의
꿀을
따다

세상이 점점 빠른 속도로 전통과 질서를 잃어갑니다. 군사부일체(君師父
一體)라 하여 임금과 스승과 아버지를 동격으로 여기면서 섬기던 동방예
의지국임을 자랑하던 우리나라였습니다. 지금은 이런 말만 꺼내도 케케
묵은 소리라고 멸시하며 듣기조차 싫어하는 풍조가 되었습니다. 이렇게
되다보니 스승의 그림자도 밟지 않는다는 우리 전통의 예절은 간곳없
고, 학교에서 선생님에게 대들거나 여선생님을 놀리는 학생들이 뻔뻔히
살아가는 기가 막힌 세상이 되었습니다.

인터넷 상담실에서 초등학교에 다니는 아들이 걸핏하면 엄마의 무릎
을 발로 찬다고 호소한 어떤 어머니의 글을 보았습니다. 그러나 예수님
을 믿는 대부분의 엄마들은 전혀 다릅니다. 하나님으로부터 양육을 위
탁받은 엄마의 사명을 다하기 위해 얼마나 아름다운 헌신을 하고 있는

지 모릅니다. 현성(7세), 현준(4세)을 말씀암송교육으로 양육하고, 유니게 과정 56기 1단계를 수료한 한소망교회 백정선 집사의 암송일기를 함께 나누고 싶습니다.

《자녀사랑은 말씀암송이다》를 읽고 2011년 6월 9일

두 달 전에 언니의 권유로 여운학 장로님의 《자녀사랑은 말씀암송이다》를 읽게 되었다. 인터넷으로 6월 3일에 유니게 과정 56기 1단계가 시작한다는 소식을 보고 기뻤으나 거리가 좀 멀어서 잠시 망설여졌다. 그러나 '지금 아니면 또 언제 기회가 올지 모른다'라는 마음이 들어 신청하게 되었다.

첫 주는 네 살 된 둘째 아들을 데리고 갔는데 계속 놀이터에 가자고 조르고 떼를 쓰는 통에 안고 업고 왔다 갔다 하면서 집중하기가 힘들었다. 그래도 아이를 둘씩 데리고 다니거나, 혹은 임신한 상태로 버스를 타고 어린아이를 데리고 온 다른 엄마들을 보면서 '나는 제법 말귀도 알아듣고, 걸어 다니는 아이를 데리고 차까지 타고 왔으니 감사해야겠구나' 하는 생각이 들었다.

암송대회를 시작하겠습니다 2011년 6월 11일

오후에 산책을 심하게 했는지 저녁을 먹은 후 둘째 현준이가 먼저 자는 바람에 큰아들 현성이와 단둘이 암송예배를 드렸다. "예배드리자"라는 내 말이 떨어지자마자 잠시 피곤해하는 기색이 스쳐갔지만 이내 스티커 판을 한번 보더니 씨익 웃으며 자리에 앉는 현성이. 큰 소리로 사회를 보는데 오늘도 어김없이 "지금부터 암송대회를 시작하겠습니다"라고 말한다. 예배라고 그리 알려줬건만….

첫 번째 꿀을 따다! 2011년 6월 13일

오늘도 현성이와 둘이서 암송예배를 드렸다. 어린이집을 다니지 않게 된 현준이가 낮잠을 자지 않게 되면서 저녁엔 일찍 잠을 잤고, 어쩔 수 없이 한글공부 후 바로 이어서 암송예배를 드리게 되었다. 조금은 늦은 시간에 시작한 탓에 속으로 '좀 일찍 끝내고 재워야지' 하는 마음이 들었는데, 첫 번째 꿀을 따면 천자문 카드 5장을 사주겠다는 공약을 들은 현성이가 기필코 꿀을 따고야 말겠다는 마음으로 열심히 말씀암송을 했다.

틀리면 다시 하자 하고, 열 번이나 더 하자 하기에 "오늘은 세 번만 더 하고 자자"라고 말했다. 그러자 현성이는 눈물을 글썽이며 내 손을 붙잡고 오늘 꼭 다 외우자고 부탁한다. 아이의 끈기와 상품에 대한 열망, 말씀을 끝까지 외우려는 근성이 엿보여 끝까지 기회를 주기로 했다. 그런데 두 번째 암송에서 현성이가 드디어 첫 번째 꿀을 따는 데 성공했다! 우리는 기뻐서 환호하며 손뼉을 치고, 서로의 얼굴을 쳐다보며 감격해했다.

나는 "엄마, 첫 번째 꿀을 땄어!" 하는 현성이를 꼭 안아주며, "그래, 현성아! 드디어 하나님 말씀의 꿀을 땄구나!" 하며 기뻐해줬다. 잠자리에 들면서도 신나서 "와, 꿀 땄다!"를 연발하는 아이에게서는 더 이상 천자문 카드에 대한 열망은 볼 수 없었고, 오직 하나님 말씀을 암송한 기쁨만이 남아 있었다. 물론 내일 아침이면 다시 카드를 사달라고 조를 테지만….

고작 세 절을 암송한 것이었지만 현성이는 자기도 할 수 있다는 자신감을 갖게 되었고, 또 나도 아이들을 말씀암송으로 양육할 수 있으리라는 마음을 갖게 된 뜻깊은 하루였다.

큰아이가 둘째를 가르치다 2011년 6월 15일

어제는 긴장이 풀렸는지 암송예배를 드리자고 해놓고 그냥 자버리고 말았다. 현성이가 은근히 기다렸을 텐데…. 아, 이 육체의 연약함이여! 오늘 아침에도 어제에 이어 현성이의 의기양양한 기색은 계속되었다. 아침부터 고린도전서 13장 1절부터 3절까지를 시범으로 외워 보이면서 동생 현준이에게 말했다.

"형아는 말씀을 엄청 열심히 연습해서 다 외웠지만, 너는 자느라 암송예배도 못 드렸으니까 천자문 카드는 형아만 갖는 거야. 알았어?"

현성이는 뭔가를 잘하거나 대가를 바랄 때 동생과 차이를 두기 원한다. 그런데 오후에 차를 타고 가는데 현성이가 "너는 암송예배를 못 드렸으니까 형아를 따라 해봐" 하더니 동생을 가르치는 게 아닌가! 현준이도 웬일인지 고분고분하게 형을 따라 암송을 했다. 그 모습을 보니, 둘 다 대견하고 기특했다. 형제 키우는 맛을 제대로 보여주는도다!

아빠의
자녀양육 일기

우리나라는 특히 어머니들의 자녀교육에 대한 관심과 열정이 남다르다고 봅니다. 그래서 젊은 엄마들이 303비전성경암송학교에 앞다투어 등록하고 암송훈련에 온 정성을 기울이고, 암송양육 일기와 암송쓰기도 얼마나 열심히 하는지 참으로 감동적입니다. 그런 가운데 아주 드물기는 해도 엄마에게 질세라 아빠가 성경적 자녀양육에 열정을 다하는 경우도 있습니다. 이 얼마나 바람직한 일인지 모릅니다.

유니게 과정 48기 1,2단계를 수료한 호산나교회의 권효정 성도의 부군 전진우 집사의 일기를 함께 나누고 싶습니다. 슬하에 두 자녀 하윤(5세), 유원(3세)이를 믿음으로 기르고 있으며, 금싸라기 같은 여름휴가 기간 동안 부인과 함께 유니게 과정에 등록하여 암송을 익혔습니다.

시간에 쫓기지 않도록 2011년 6월 24일

큰아들을 유치원에 데려다주고, 작은아들과 아내는 성경공부 모임을 한다고 순장님 댁으로 출발했다. 그리고 나는 사랑니 치료를 받으러 병원에 갔다. 멀리 다녀오고 나니 더운 날씨에 내심 많이 지쳤다. 꾸준히 약도 잘 챙겨먹고 열심히 얼음찜질도 계속하지만 잔뜩 부풀어오른 왼쪽 뺨은 여전히 고통스럽기만 했다. 아내 또한 이런 나와 함께 집에 있으면서 두 아들까지 건사해야 하니 지칠 수밖에…. 그래서 암송예배는 의도한 바보다 더 늦은 시각에야 비로소 시작할 수 있었다.

워낙 늦어서 행여 이웃집에 소음으로 폐가 될까 봐 꿈송부터 태교의 노래까지 모두 1절씩만 부르고 성경암송 기도문을 읽었다. 그러고는 여호수아서 6장 1절부터 3절까지의 말씀을 한 번만 읽고 마쳤다. 왜냐면 내일은 일찍부터 바쁜 일들이 있어서 얼른 잠들어야 하기 때문이다. 앞으로는 암송예배 시간을 좀 더 앞당겨서 시간에 쫓기는 일이 없도록 해야겠다.

빨리 지나가버린 휴가 2011년 6월 27일

주말 내내 정신없이 바쁘고 피곤한 시간을 보냈다. 두 아이들을 데리고 외출한다는 것 자체가 상당한 체력을 요하는 일인 것을 새삼 깨닫게 되었다. 그 핑계로 어제와 그저께 이틀은 암송예배도 드리지 못했다. 특히 큰아들 하윤이가 주일에 유아부 암송예배에 참가하기에 지정된 6개의 암송구절을 외우는 연습에 총력을 기울였다. 기특하게도 하윤이는 정한결이라는 여자아이와 함께 1등인 최우수상을 받았다. 정작 아이는 상품이 조금 더 괜찮아 보이는 3등을 하기를 공개적으로 희망했지만, 나는 좋은 결과가 나와서 정말 감사하고 기쁘기만 했다.

주일 하루는 온종일 아내와 함께 최대한 자주 그리고 많이 아이를 칭찬해주었다. 그리고 오늘 아침엔 유치원까지 데려다주는 길에 어제 암송대회에서 외웠던 6절을 다시 반복해서 외우게 했다. 말씀이 하윤이의 입에 착 달라붙어서 줄줄 나오는데, 그 모습이 참 대견스러웠다.

저녁 식사를 마치고 집 안에서 애들이랑 마구 뛰어논 덕분에 몸이 땀범벅이었다. 아이 둘 다 샤워를 시킨 후 마루에 모여 앉아 암송예배를 시작했다. 그런데 둘째 유원이가 낮잠을 1시간밖에 못 자서인지 계속 짜증을 부려서 암송에 집중하기가 여간 힘든 일이 아니었다.

그래서 시편 8편 전편 1절부터 9절까지의 말씀을 함께 큰 소리로 읽고 나서, 기도제목의 나눔 없이 서둘러 예배를 마칠 수밖에 없었다. 사랑니 수술 이후 아팠던 곳이 어느 정도 아문 것 같아서 내가 예배 인도를 맡았는데, 아무래도 많이 서투르고 부족한 게 아닌가 하는 생각이 들었다. 하지만 조금 더 노력하고 기도하면서 하나하나 해나가고자 한다.

휴가를 받은 지 어느덧 19일째다. 금싸라기 같은 휴가가 어찌 그리 빨리 지나가는지….

자녀 중심의 가정예배로 2011년 6월 28일

새벽 3시 30분에 눈이 떠졌다. 새벽기도에 갈 엄두는 못 내고 대신 책을 읽기로 했다. 평소 아내에게도 "우리는 크리스천으로서 교과서인 성경책을 읽는 것을 우선으로 삼아야 하기에 참고서에 해당하는 신앙서적을 읽는 것은 그리 바람직하지 않다"라는 핑계를 해왔던 터라 생각보다 못 읽어본 책들이 많다. 뒤늦게 《말씀암송 자녀교육》을 약 세 시간 동안 읽었다. 그중에서도 특별히 157페이지의 "어린이가 있는 가정은 반드시 어린이 중심의 말씀암송가정예배를 드리는 것이 바람직합니다"라는 부분이 공감되었다.

2009년부터 창세기 1장부터 한 장씩 크게 읽고, 내가 여러 주석을 참고로 하여 간략한 메시지를 나누고, 그에 대해 토론하는 방식의 가정예배를 드렸었다. 2010년에는 믿지 않는 처제를 전도하는 차원에서 〈날마다 솟는 샘물〉 큐티지를 교재로 삼아 매일 내가 메시지를 전하는 형태로 어른들 위주의 예배로만 드려왔다.

유니게 과정 2단계를 받는답시고 나 자신의 암송에만 정신이 팔려서 정작 새 시대를 살아갈 아들들에게 제대로 초점을 맞춰오지 못한 점이 부끄럽기 짝이 없었다. 앞으로는 좀 더 천천히 하윤이의 눈높이에서 예배를 잘 드릴 수 있도록 노력해야겠다.

저녁 식사를 끝내고 간만에 일찍 암송예배를 시작하게 되었다. 하지만 식구 모두가 외출을 해서 장시간 동안 쇼핑을 하고 온 터라 다들 피곤해 보였다. 그래서 서둘러 꿈송, 맘송, 태교송을 각각 2절만 부른 뒤 기도문을 읽었다. 한글을 백퍼센트 다 뗀 건 아니지만 뭔가 의욕적으로 하고 싶어하는 하윤이에게 앞으로 매번 성경암송기도문을 읽도록 했다. 오늘은 창세기 12장 1절부터 4절까지의 말씀이었다. 길지 않은 문장임에도 하윤이가 생각보다 힘들어하는 눈치다.

'어떻게 하면 하윤이가 좀 더 즐겁고 재미있게 말씀암송을 할 수 있을까?'

나는 하나님께 지혜를 구하는 기도를 드렸다.

말씀암송과
치유

크리스천이 누릴 특권은 아무도 침범할 수 없는 주님 안에서의 자유입니다. 예수님은 자기를 믿는 유대인들에게 말씀하셨습니다.

> 너희가 내 말에 거하면 참으로 내 제자가 되고
>
> 진리를 알지니 진리가 너희를 자유롭게 하리라
>
> 그러므로 아들이 너희를 자유롭게 하면 너희가 참으로 자유로우리라
>
> 요 8:31,32,36

또한 우리는 예수 그리스도 안에서 하나님의 자녀로서 부르심을 받은 엄숙한 사명이 있습니다. 바울 사도는 로마서의 서두에 이렇게 말합니다.

예수 그리스도의 종 바울은 사도로 부르심을 받아 하나님의 복음을 위하여
택정함을 입었으니 이 복음은 하나님이 선지자들을 통하여 그의 아들에 관하
여 성경에 미리 약속하신 것이라 롬 1:1,2

그는 평생 그 사명을 다한 후에 사도행전 20장 24절에서 이렇게 고백
합니다.

그러나 내가 나의 달려갈 길을 다 달리고, 주 예수께 받은 사명, 곧 하나님의
은혜의 복음을 증언하는 일을 다하기만 하면, 나는 내 목숨이 조금도 아깝지
않습니다 (표준새번역)

이 말씀을 오늘의 엄마들과 교회 교사들에게 조심스럽게 적용해봅
니다.
"내가 나의 달려갈 길을 다 달려서 주 예수께 받은 사명, 곧 하나님의
은혜의 복음을 나에게 맡겨주신 내 자녀와 우리 교회 어린이들에게 어
려서부터 암송시키며 말씀의 생활화를 훈련시키는 일을 다할 수만 있다
면, 나는 내 목숨이 조금도 아깝지 않습니다."
안타깝게도 이 나라의 수많은 어린이들이 어려서부터 예수 그리스도
를 믿지 않는 가정에서 태어나 마음의 상처를 많이 받고 자라왔습니다.
간혹 예수님을 믿는 가정이라 할지라도 그 가정의 대물림으로 내려오는
자녀에게 마음의 상처 주기의 악순환으로 말미암아 그 뼈아픈 마음의

상처를 평생 안고 사는 이가 많고, 자기도 모르는 사이에 그 상처를 다시 자녀에게 고스란히 안겨주는 일이 이 땅에서 얼마나 많이 일어나고 있는지요.

하나님께서는 일찍이 이 악순환의 고리를 끊는 지혜를 우리에게 가르쳐주셨습니다. 303비전성경암송교육을 실시하고 있는 유니게 과정이 바로 그 지혜입니다. 303비전성경암송학교 홈페이지에 올려져 있는 유니게 과정 1단계에 참석한 부천 참빛교회 송윤희 사모의 진솔한 간증이 젊은 엄마들과 교사들에게 도움이 될 것 같아서 소개합니다.

암송학교에서 받은 은혜 나눔 2011년 9월 16일

김우진 전도사님의 강의와 기도회 시간에 큰 은혜를 받았다. 특별히 "하나님의 말씀과 기도로 거룩하여짐이라"(딤전 4:5)라는 말씀이 깊이 마음에 와 닿았다. 나는 깨진 가정에서 자라나면서 마음속에 자신조차도 다 알지 못하는 상처와 아픔이 가득한 사람이었다.

고등학교 2학년 때 살아계신 하나님을 인격적으로 체험하는 은혜로운 날이 있었지만, 뼛속 깊숙이 새겨진 상처와 아픔은 하나님의 사랑을 '체험'하기만 하는 것으로는 나를 온전한 그리스도인으로 세워지게 하지 못했다. 그러나 내가 상처로 얼룩진 옛사람을 벗고, 그 상처를 딛고 일어서며 빛의 자녀로 살아갈 수 있게끔 이끌어준 계기가 있었으니, 그것이 바로 '암송훈련'이었다.

유니게 교육 중 기도회 시간에 많이 울었다. 기도회 시간이 짧아서 다 울지 못한 것은 교회 금요기도회에 참석해서 다 울어버렸다. 어린 시절, 부모님은 마음이 여리고 눈물이 많은 나를 언제나 비웃으셨다. 내가 눈물을 흘릴 때마다 나를 향한 부모님의 비꼬는 말들이 내 가슴에 비수가 되었고, 그러다보니 자라면서 어떤 순간에도 울지 않기 위해 입술을 깨물면 "독하다"라는 말을 듣기 일쑤였다.

그런데 말씀을 암송하면서 하나님이 어떤 분이신지 깨닫게 되었다. 말씀이신 하나님을 내 안에 모셔 들이는 수고로운 시간들을 통해서 날마다 하나님과의 깊은 친밀감을 누릴 수 있었는데, 그 깊은 친밀감 속에서 내 눈물을 터뜨려주셨다.

말씀암송을 통해 하나님이 내게 어떤 분이시고, 나는 하나님께 어떤 존재인지를 깨달아가면서 그분 앞에서 지난날의 참고 참았던 눈물들을 쏟아내게 되었다. 하나님께서 내게 옛날에 아프고 힘들었던 것, 속상하고 괴로웠던 것까지 다 끄집어내어 토해내듯 울게 하셨다. 그리고 하나님의 말씀은 거울이 되어 나의 상하고 깨지고 멍든 가슴을 비추어주셨고, 내가 얼마나 하나님이 필요한 존재인지를 절감하게 해주셨다.

특히 베드로전서 2장 2절 말씀, "갓난아기들같이 순전하고 신령한 젖을 사모하라"를 암송하며 내 깨지고 비뚤어지고 어그러진 성품이 말씀의 빛 가운데 조명되어질 때마다 이것을 고칠 길은 말씀밖에 없다는 갈급한 마음으로 암송을 했다. 데살로니가전서 2장 13절의 "이 말씀이 또한 너희 믿는 자 가운데에서 역사하느니라"라는 말씀이 내 가슴에 살아서, 내가 넘어지려 할 때마다 강한 팔로 나를 붙들고, 하나님께서 가게 하시는 길들을 걸어가도록 인도해주었다.

여운학 장로님이 "말씀암송은 하나님을 내 안에 모셔 들이기 위한 거룩한 작업이며, 즐거운 수고와 노동이다"라고 말씀하셨는데, 그 수고와 노동 끝에 오는 기쁨의 단맛을 본 사람은 결코 이 암송의 수고와 노동을 마다하지 않으리라 확신한다.

신바람
말씀암송

우리에게 맡겨주신 하나님의 자녀를 주님의 뜻대로 잘 가르치는 것이 성도의 사명이요, 말씀을 어려서부터 암송시키고 날마다 가정예배를 드리는 것이 우선순위라 생각됩니다.

감사하게도 이 땅의 크리스천 엄마들이 자녀교육의 혼미에서 깨어나기 시작하고 있습니다. 부천 내동감리교회 서양순 집사는 이미 유니게 과정 1,2단계를 두 번(44, 50기) 수료하였고, 말씀암송태교로 낳은 슈퍼신인류 관유(1세)를 키우고 있으며, 본인이 출석하는 본 교회에서의 유니게 과정 유치를 위해 오랫동안 기도로 헌신한 바가 큽니다.

성경암송 가르치는 우리 교회학교라 2011년 9월 2일

'우리 교회 교역자님들을 중심으로 암송교육이 적용 실천되어서 내 동교회에 든든한 믿음의 자녀들을 세워주소서!'

마음에 소원했고 중보동역자들과 함께 기도해왔던 일이었다. 그리고 마침내 담임목사님 내외분께서 암송실전에 함께하실 때는 정말 왈칵 눈물이 났다. 두 분의 부교역자님과 사모님, 수련목회자 사모님과 영·유치부 전도사님도 등록하셨다. 교회에서 등록비를 지원해준 덕분에 평신도 13가정이 등록했으며, 다음 주에는 조금 더 등록할 듯싶다. 할렐루야!!

'이 모든 일은 주님께서 하셨습니다.'

기도해왔던 일이 응답되었다는 느낌보다 이번 유니게 과정 개최만큼은 주께서 하셨다는 확신이 강하게 있었다. 또한 계속적으로 암송학교를 위해 기도할 때 주께서 예비하신 가정을 세우리라는 마음도 주셨다.

결혼예비학교에서 담임목사님 내외분이 《성경 먹이는 엄마》라는 책을 소개해주셨다. 결혼 전, 서점에서 그 책을 구입할 때는 '엄마'라는 말이 정말 멀게만 느껴졌었고, 서점 주인의 의아한 눈빛에 괜히 낯이 뜨겁기까지 했다. 결혼예비학교 수업시간에 '결혼을 하게 되면 어떤 역할이 생길까?'에 대해 이야기해보는데, 나는 "남편에게는 아내가 되며, 시부모님께는 며느리가 되며, 아이를 낳으면 엄마가 됩니다"라고 대답했다. 질문의 요점은 "아내와 며느리라는 새로운 자리에 대해 준비하는 마음을 갖자"였는데, 나의 "엄마"라는 대답에 너무 앞서가는 것이 아니냐는 목사님의 말씀에 다들 웃었더랬다. 그도 그럴 것이 그 당시 우리 커플은 상견례도 하지 않고, 단지 결혼을 준비하기 위해 믿음으로 수업을 신청해 듣고 있었기 때문이다.

시간이 지나고 신혼여행 짐을 쌀 때, 나는 가방에 《성경 먹이는 엄마》를 함께 넣었다. 그리고 엄마가 되고픈 간절한 내 마음을 아셨는지 하나님께서는 우리 부부에게 바로 새싹(태명)이를 허락하셨다. 나도 엄마가 된다는 기쁨에 책을 읽고 또 읽으며 아이와의 성경교육을 꿈꾸었다. 나의 열심은 303비전성경암송학교 카페를 찾고, 유니게 과정을 신청하는 데까지 이르렀다.

음악교육 세미나에서 복음에 눈을 떠서 여기까지 달려왔기에 교육이라 하면 음악밖엔 몰랐던 나는, 유니게 과정이야말로 참교육이라는 확신이 들었다.

천국은 마치 밭에 감추인 보화와 같으니 사람이 이를 발견한 후 숨겨두고 기뻐하며 돌아가서 자기의 소유를 다 팔아 그 밭을 사느니라 마 13:44

유니게 과정을 포기할 수 없는 이유가 여기에 있기에, 모든 어머니들과 양육에 동참하는 가족 그리고 예비 엄마들에게 마르고 닳도록 권면하게 된다.

아빠의 마음문이 활짝 열리다 2011년 9월 5일

황홀하고 꿈만 같았던 금요일이 지난 지 사흘째다. 이번 유니게 과정
만큼은 열심을 내어 숙제를 해보리라 마음먹었는데, 역시 결코 쉽지가
않다. 회를 거듭할수록 이 거룩한 매임에 매료되며, 짜릿한 감동이 일어
난다. 2단계도 겸할까 싶었지만, 아직 아이가 많이 어려서 이번에는 1단
계에만 에너지를 쏟기로 했다.

숙제로 고린도전서 13장을 쓰고, 교회 성도들께 1절 말씀을 문자로
돌리고, 하선 언니와 7절까지 주고받고, 사인팀에게 권면하고, 사랑이네
가족이 생각나서 축복하며 카카오톡으로 전장을 보냈다. 그런 다음 할
머니께서 관유와 놀아주실 때 슬쩍 CD를 틀어두었다. 말씀에 익숙하신
할머니는 이내 따라서 읊조리신다.

그동안 계속 "할머니, 암송해요! 할머니도 하실 수 있어요"라고 설득
하는 말에 "내가 무슨 암송이야. 나이 들어서 외우고 뒤돌아서면 까먹는
데…" 하시며 거절하셨던 할머니가 CD를 틀어두자 관유에게 말씀을 읊
조리며 놀아주신다.

나도 고린도전서 13장부터 데살로니가전서 2장 13절까지는 자신 있
게 줄줄 CD보다 앞서 암송할 수 있었지만, 요한복음부터는 잘 안 되었
다. 아이에게 젖을 먹이며 요한복음 말씀을 반복 설정해두고, 꿀 같은 낮
잠을 잤다. 그날 오후, 우리 집에는 주님의 말씀이 흐르면서 나른한 평온
함으로 가득 찼다.

관유 아빠의 마음문도 활짝 열렸다. 퇴근 후에 CD와 함께 고린도전서

13장을 암송하고 말씀암송책을 출퇴근길에 들고 다니며 1단계 100절 암송에 적극 동참하기로 했다. 벌써부터 함께 드릴 암송감사제가 기대된다.

나의 동역자 사모님 2011년 9월 8일

오랜 기도제목이었던 303비전을 함께 나눌 수 있는 동역자인 정아 사모님과 산책을 나섰다. 오전에는 선선하고 구름이 끼어 공원을 거닐기 좋겠다 싶었는데, 시간이 2시 반이어서 그런지 매우 더워서 공원은 힘들겠다 싶어 마트로 나섰다.

역시 우리는 만나자마자 폭풍 수다 삼매경에 빠졌다. 여유롭게 아이에게 수유도 하고 맛있는 간식도 사 먹었다. 저녁에는 아빠들도 같이 식사하기로 했다. 암송에 적극 동참해주시는 전도사님 덕분에 남편도 마음문이 열리지 않았나 싶다. 벌써부터 함께 가기로 한 암송캠프가 기대된다. 좋은 동역자 가족을 허락해주신 하나님께 정말 감사드린다.

육아에 있어서 고민도 많이 나누고, 과소비를 조금이나마 절제할 수 있는 힘이 되어주며, 무엇보다도 하나님 앞에 서기를 힘쓰며 함께 암송 교육에 동참하니 매일이 기쁘고 즐겁다. 이번 1단계 전에 태교로 미리 암송한 시간이 없었더라면 많이 힘들고 부담스러웠겠지만, 즐거운 마음으로 기쁘게 참여해서 더욱 좋다는 사모님 말씀에 나도 기분이 좋았다. 사모님께 감사! 참 좋으신 아버지 하나님께 더욱 감사! 할렐루야!

위기의
가정을
새롭게 한
말씀암송

처녀 시절에 믿음이 좋은 자매들이 전도사와 결혼하는 경우를 많이 보았습니다. 그런데 자녀를 낳기 시작하면서 그 젊은 사모의 처음 믿음은 점점 사라져가고, 짜증과 불안, 온갖 신경성 질환을 안고 아픔을 견디는 경우를 종종 봅니다. 그런 엄마의 슬하에서 자녀들이 행복할 수 없고, 도리어 어린 가슴에 지워지지 않는 상처를 더해가며 자라고 있는 예가 한둘이 아니니 얼마나 가슴 아프고 안타까운 일인지요.

한 교수 사모님의 글을 읽었던 기억이 납니다.

"교회의 목사 사모는 이래도 저래도 헐뜯기기 마련이다. 철따라 새 옷을 입으면 목사 사모가 낭비벽이 심하다 말하고, 늘 입던 옷을 입고 나가면 궁상을 떤다고 말한다. 밝은 표정으로 교인들에게 인사를 하면 설친다 말하고, 겸허히 입을 다물고 있으면 위엄을 떤다고 말한다."

이런 현상은 한국에서 더 심할지는 모르겠지만 미국이나 다른 선진 국에서도 그와 비슷한 예를 책에서 가끔 읽게 됩니다. 죄성(sinful nature) 으로 가득한 인간들의 어쩔 수 없는 한계인지도 모르겠습니다.

우리의 경우를 생각해봅니다. 무엇보다도 모든 젊은 부교역자들은 집에 가져다주는 생활비는 적은 데 비해 새벽부터 밤늦도록 교회의 제 반 행정업무와 개성이 서로 다르고 자기 위주의 수많은 성도들을 따뜻 한 그리스도의 사랑으로 돌보아야 한다는 공통점이 있습니다.

때문에 교회학교의 어린이들로부터 청년에 이르기까지 말씀을 가르 치는 일과 기도하는 일에 쫓기게 되고, 자녀의 아버지로서 아내의 남편 으로서 마땅히 행할 일을 소홀하게 됩니다. 그렇게 적당한 휴식으로 자 신의 건강을 지킬 여유조차 갖지 못하다보니 성직자로서 갖추어야 할 마땅한 마음가짐과 태도에서 점점 멀어져가기 마련입니다. 그뿐인가요. 부부의 대화가 적어지면서 서로의 이해와 섬김 대신 오해와 불평이 날 로 쌓여가지요.

이런 와중에 가장 큰 어려움을 안고 살 수밖에 없는 쪽은 사모입니다. 가끔 신문지상에서 보면, 사모를 위한 특별집회나 무료세미나가 열리고 있어서 이를 통해 많은 사모들이 큰 위로와 주 안에서의 자아 재발견을 통해 새로운 삶을 이루어가는 경우가 많으리라 믿습니다.

그러나 내 경험으로는 말씀을 암송함으로써 얻어지는 위로와 지혜를 능가할 것은 이 세상에 없는 줄 압니다. 실제로 유니게 과정을 이수하면 서 새 생명을 되찾은 사모들의 간증이 그 실상을 알려줍니다.

인천 석천제일교회의 선보영 사모는 유니게 과정에서 말씀을 암송하고 묵상하는 중에 깨달음을 받아 목사인 남편을 이해하고 섬기게 되었고, 하루아침에 부부관계가 회복되면서 가정 분위기가 낙원으로 바뀌었다고 합니다. 슬하에는 믿음(10세), 성령(5세), 기쁨(4세) 삼남매가 자라고 있습니다.

세 아이들과 암송학교에 가다 2011년 9월 15일

오늘은 아침부터 분주했다. 새벽기도에 다녀온 뒤 큐티와 암송을 하고, 암송 말씀을 몇 번 쓰고, 입으로 소리 내어 다섯 번씩 다시 선포했다. 그런 다음 가족들의 아침 식사를 준비했다. 오늘은 남편도 교역자 회의가 있어서 일찍 교회에 가기 때문에 내 마음이 더 바빠졌다.

신명기 28장 1절부터 6절까지 암송을 시작한 후 한 주 동안은 남편을 아침마다 깨우면서 어깨와 다리를 안마해주고, 그때마다 소리 내어 암송을 들려주었다. 그러나 오늘은 세 아이를 아침부터 일찍 준비시키고 나가야 하기에 별말 없이 깨웠더니, 남편은 "암송해줘야죠" 하며 일어나지 않으려 했다. 그동안 아침마다 들려주었던 하나님의 축복의 말씀이 남편에게 매우 큰 힘이 되었나 보다.

나는 다시 여유를 찾고 남편 옆에서 신명기 28장 말씀을 암송해주었다. 하나님의 말씀을 사모하는 마음으로 암송하니, 남편에게 전에 없었던 이런 사랑을 받게 하시는 하나님께 감사하다.

보통 버스를 타고 전철을 두 번 갈아타고 암송학교에 가는데, 오늘은 남편이 애들과 자동차를 타고 가라고 배려해주었다. 지난주엔 다른 사모님의 승용차를 얻어 타고 서울로 갔는데 도로가 막혀서 좀 늦었다. 그런데 오늘은 도로가 뻥뻥 뚫렸다. 여호수아 1장 8절 "네 길이 평탄하게 될 것이며 네가 형통하리라"라는 말씀처럼 주께서 늦지 않도록 인도해주셔서 안전하게 교회에 도착할 수 있어 얼마나 감사한지!

암송학교에 다녀온 뒤, 점심 식사를 하고 아이들과 약속한 대로 여리고 성을 만들기로 했다. 추석 때 받은 선물상자들을 5개 정도 모아놓고 하나, 둘 쌓아본다. 여호수아 6장 1절부터 3절 말씀을 종이에 크게 써놓고, 몇 번씩 읽으며 손 유희도 하고 연상되는 물건들을 하나둘씩 찾아보았다. 이스라엘 자손들은 모든 인형들로 대처하기로 해서 마루에 인형들을 모아두었고, 왕과 용사들을 표현하는 기구들도 가져다 놓았다.

세 아이들은 서로 진지하게 도와가며 여리고 성을 만들고 예배 전에 기구들을 정리해두었다. 이렇게 아이들이 창의적으로 하도록 하고 보니 예배드리기 전부터 마음에 큰 은혜가 느껴졌다. 둘째 성령이가 "여리고 성을 하나님이 무너뜨릴 건데 우리가 기도해야죠?" 하며 조금 아는 척하는 모습이 얼마나 사랑스러운지!

맘송과 꿈송을 부르며 예배가 시작되자, 처음엔 세 아이들이 여리고 성에 계속 눈길을 보내며 찬송을 부르는 둥 마는 둥 했다. 그래서 내가 찬양을 크게 부르며 조금씩 율동을 했다. 아이들이 금세 내 율동을 보며 따라 하기 시작했다. 역시 아이들에겐 말보다 엄마가 행동으로 먼저 보여줘야 하는 것 같다. 그러고 나서 우리가 만든 여리고 성 앞에 모두 서서 말씀을 큰 소리로 암송하기 시작했다.

3절 말씀 "너희 모든 군사는"을 외칠 때는 각자가 군사라 생각하고 멋지게 포즈를 취했다. 그리고 "그 성을 둘러 성 주위를 매일 한 번씩 돌되"를 외칠 때는 상자로 만든 여리고 성을 빙빙 돌아보았다. 아이들과 함께 여리고 성이 무너지기 전의 모습을 상상하며 진지하고 열심히 암송을 따라 했고, 말씀 하나하나를 온몸으로 표현하며 여호수아와 이스라엘 군사가 되어보기도 했다.

말씀과 내가, 말씀과 아이들이 하나가 되는 감동과 짜릿한 은혜가 느껴진다. 마지막에 암송을 마치고는 있는 힘을 다해 소리를 질렀다. 여리고 성을 무너지게 하기 위해….

아이들의 삶에 아무리 여리고 성처럼 큰 벽이 막아설지라도 주님의 말씀을 듣고 순종하는 믿음이 있다면 반드시 하나님께서 그 성을 무너뜨릴 거라는 생각이 들었다. 지금 내 인생의 앞에 도저히 쓰러뜨릴 수 없는 아픔과 절망의 벽이 가로막고 있지만 반드시 말씀으로 그 성을 무너뜨리는 승리의 삶이 될 거라 믿는다.

인천대공원에서 주님을 찬양하다 2011년 9월 16일

어제와 오늘 시편 8편을 암송했다. 모처럼 남편이 일찍 퇴근을 해서 자전거를 차에 싣고 인천대공원으로 갔다. 암송을 가르쳐주신 실장님이 주님을 시편 8편으로 찬양할 것에 대해 말씀하셔서 '오늘, 밤하늘의 달을 보며 찬양하리라'라는 마음을 먹고 인천대공원으로 향했다. 아이들이 신바람이 나서 소리를 지르며 큰 공원을 마음껏 누비고 다니더니, 잠시 후 서로 먼저 타겠다고 아우성을 쳤다. 분명히 공원에 가기 전에 자전거 세 대를 차에 다 실을 수가 없어서 두 대로 번갈아 타기로 약속했건만….

남편은 아이들을 진정시키려 노력했지만, 나는 인내하지 못하고 화를 식히느라 애먹었다. 믿음이는 누나라고 해도 조금의 양보가 없고, 둘째와 셋째는 더욱 심하다. 간신히 서로 화해시키고 남편과 나는 벤치에 앉았다. 어느새 아이들은 환한 불빛 아래 호수가 보이는 곳으로 가서 놀고 있었다.

"여보, 제가 시편 8편으로 하나님을 찬양해볼게요."

내가 말씀을 암송하기 시작했다.

"여호와 우리 주여! 주의 이름이 온 땅에 어찌 그리 아름다운지요. 주의 영광이 하늘을 덮었나이다."

그런데 갑자기 2절부터 생각이 나지 않았다. 암송책도 안 가져왔는데…. 남편은 "허허" 웃더니 "암송학교에 1년은 더 다녀야겠네"라며 작은 핀잔을 준다.

'하나님, 왜 말씀이 생각 안 나지요? 밤하늘처럼 제 머릿속이 깜깜해요. 주님의 성호를 찬양하고 싶었는데….'

남편은 암송학교에 다니는 나를 많이 격려하고, 내 간증 곧 은혜 받은 얘기를 잘 들어준다. 오늘은 비록 한 구절만으로 주님을 찬양했지만, 요즘 기도제목 중 하나는 남편을 중심으로 온 가족이 함께 암송을 하는 것이다. 남편도 1단계 때와는 다르게 "음, 암송해야지" 하며 관심을 갖는다. 바쁜 사역에 지친 남편은 나의 말씀암송에 매우 큰 힘을 얻는다. 남편과 함께 밤하늘과 공기와 바람을 느끼며 하나님을 찬양했다. 어떠한 상황에서도 그분은 우리의 찬양을 기뻐하시리라 믿는다.

'하나님, 언젠가는 남편과 함께 말씀암송을 하며 주님을 찬양할 수 있겠죠? 도와주세요! 말씀이 제 안에 깊이 새겨져 제가 변화되고 우리 가정이 변화될 수 있도록…'

자녀사랑은
말씀암송이다

믿음이 돈독한 크리스천 부모들은 예수님의 성품을 닮은 신앙인격을 갖춘 자녀로 키우기를 원합니다. 그러면서도 자녀가 명문 학교를 졸업하고 좋은 직업을 갖게 되기를 바라는 마음은 세상 부모들과 별다를 바 없는 경우도 있습니다. 따라서 어려서부터 여러 가지 과외공부를 시키려다보니, 마음도 바쁘고 경제적인 어려움도 당하게 됩니다.

엄마들이 자녀에게 성경적인 교육을 시키고 싶어서 홈스쿨링도 하고, 홈스쿨링 부모들을 위한 특수교육을 받기도 합니다. 또한 엄마들은 세상의 아동교육에 관한 갖가지 참고도서나 기독교교육에 관한 여러 가지 이론서를 사서 읽기도 합니다. 그러다가 말씀암송교육을 받고 그동안 풀리지 않았던 어려운 문제들이 절로 풀리면서, 자녀의 신앙교육에 자신감을 갖게 되는 많은 엄마들을 만납니다. 다음은 연우(5세), 정우(3세)

를 키우고 있는 오산 임마누엘교회 박윤희 권사(유니게 과정 46,53기 2단계, 55기 1단계, 62기 1,2단계 수료)의 일기입니다.

《자녀사랑은 말씀암송이다》를 읽고 2011년 10월 26일

예전에 이 책 제목을 접했다면 '이게 대체 무슨 말인가?' 했을 것도 같다. 하지만 이제 암송에 입문한 지 겨우 반 년 정도인 내게도 "자녀사랑 = 말씀암송"이란 말이 진리처럼 느껴진다. 맨 처음 용인에서 2단계를 접했을 땐 이 정도 감동은 아니었다. 그러나 1단계를 수료하고 2단계를 접한 이 시점에서 나 자신이 정말 많이 변했음을 느낀다. 제일 크게 변한 것은 아이들을 바라보는 관점이다.

세 살과 한 살짜리 아들 둘을 키우면서 봄에 핀 벚꽃을 보며 '내 인생의 봄날은 언제 오려나' 하던 때가 있었다. 그런데 언젠가 또래 친구들이 집 앞에서 유치원 차를 타고 엄마와 인사를 나누는 모습을 부러운 눈으로 바라보던 아이들이 "엄마, 나는 유치원에 언제 가요?"라고 물어보는 게 아닌가! 나는 아이에게 "여섯 살이 되면 가긴 가야 하는데…" 하며 얼렁뚱땅 대답했다.

이전에는 세상에서 성공한 아이들로 키워보고자 나름 열심히 이런저런 책을 읽기도 했다. 열의는 있었으나 방향성이 없어서 방황을 했지만 말씀암송을 접하고 난 후 어디로 가야 될지 방향이 정해져서 그 후론 행복했다. 그래서 지금이 내 인생의 봄날이 되었다.

암송을 시작하고 여러 번의 시행착오를 겪으며 예배를 이어가던 내게 이 책은 또 다른 길잡이가 되어주었다. 길어지는 예배 때문에 힘들어하는 내게 어느 분은 '티타임 예배'라는 새로운 팁을 주었으며, 내 피곤함을 못 이겨 일찍 잠들고 싶은 나머지 아이에게 화내고 잠든 다음 날에는 사랑의 편지를 적은 어느 분의 글을 보게 되었다. 나는 당장 아이에게 사과의 편지를 써서 주었고, 아이로부터 감동스러운 편지를 두 통이나 받게 되었다. 또 스톱워치 암송법을 따라 하면서 아이의 암송속도가 현저히 빨라졌다.

책에 "자녀의 지혜는 말씀암송으로 열린다", "자녀의 성품은 말씀암송으로 온전해진다", "자녀의 신앙은 말씀암송으로 단단해진다", "자녀의 습관은 말씀암송으로 거룩해진다", "자녀의 믿음은 말씀암송으로 새로워진다"라고 하였는데 구구절절 맞는 말씀이다. 또래 아이들이 연령에 맞는 동화책을 보는 시기에 어른들도 어려워하는 고급 언어가 나오는 성경을 암송하니 어찌 지혜롭게 되지 않을 수 있을까. 아이들이 '비판', '헤아림', '들보'와 같은 단어를 최근에 익혔고, 한 번 뜻을 알려주면 기억했다가 다음에 물어보면 설명해주었던 그대로 대답을 한다. 가끔은 생각지도 않은 표현들로 나를 깜짝깜짝 놀라게 하기도 하고.

내가 새벽예배를 간 어느 날이었다. 아이가 새벽에 일어났다가 내가 없어 울면서 찾았다는 말을 듣고, 다음 날 연우에게 "잘 잤니?" 하고 아침 인사를 건네니 "아빠의 팔베개를 하고 자면서 기쁨의 눈물을 흘렸어요"라고 대답했다. 말씀 쓰기를 하던 어느 날은 "에이, 이 연필 말고 다른 거 주세요" 하면서 로봇이 그려진 연필 대신 다른 평범한 연필로 바꿔오고, 어제는 일기장에 이름을 붙여주려고 하니 "엄마, 하나님 말씀으로 다 덮어버려요"라고 했다. '파워레인저 정글포스'를 좋아하는지라 암송선물로 파워레인저가 그려진 일기 공책을 사주었는데 이제는 스스로 그것을 덮어버리길 원한다.

"무슨 말씀이 제일 좋니? 무슨 말씀을 붙여줄까?"

"요한복음 1장 1절부터 18절까지의 말씀이요."

말씀을 프린트해서 붙여주니 "로봇들이 이 안에서 헤엄치고 있겠지?" 하며 씩 웃는다. 최근엔 꽃이 길가에 길게 피어 있는 걸 보고 "와! 천국이다!"라는 표현을 썼다.

다윗을 좋아하는 덕분에 용기훈련을 했더니 정말 용기 있는 아이가 되었다. 부끄럼이 많아서 인사도 잘 못하던 아이가 이제는 만나는 사람들에게 허리를 90도로 숙이며 큰 소리로 인사를 한다. 내가 미처 발견하지 못한 사람이 있으면 내 옆구리를 쿡쿡 찔러 인사를 하도록 만든다. 유치원에도 안 다니고 또래 아이들과 어울릴 기회가 별로 없어 아이들과 잘 놀 수 있을지 걱정을 했는데 아주 밝게 잘 자라고 있다. 또 교회 목장 예배에 가면 제일 먼저 무릎 꿇고 기도도 해주고, 심지어 한 번도 시킨 적이 없는데 놀이터에 가서도 스스로 바위에 앉아 기도를 한다.

하루라도 하나님에 관한 얘기를 안 하는 날이 없을 정도로 그 조그만 아이의 내면에 하나님의 말씀이 임하고 있다. 한번은 아이가 신호등 앞에 쭈그리고 앉아 갑자기 악인과 하나님의 얘기를 물어보더니 "아, 그럼 하나님이 일하시는 거네" 하면서 시편 19편 전편 1절부터 14절까지의 말씀을 선포하기도 하고, 암송예배를 드리자고 했을 때는 놀고 싶은 거 다 놀고 늦게 예배드린 게 미안했는지 피곤에 지친 내게 "엄마, 제가 바로 순종하지 못해서 죄송해요"라며 사과를 했다. 이 모든 게 말씀암송을 만난 덕분이다.

'암송이 아니었다면, 난 지금쯤 어떻게 지내고 있을까?'

이런 생각조차 하기 싫다. 말씀암송 덕분에 나 또한 사는 게 재밌어졌고, 자녀양육이 결코 힘들기만 한 것이 아니라 기쁘고 즐거운 일임을 매일 체험하며 살고 있다. 말씀을 조금 심었을 뿐인데 날마다 감동을 선물하는 아이들이 있어 암송의 길이 힘들지만은 않을 것 같다. 혹 시간을 되돌릴 수 있다면 연우가 세 살 때로, 아니 임신 전으로, 아니면 결혼 전으로 되돌아가고 싶다. 그래도 지금이나마 암송을 접할 수 있게 된 것을 큰 행운으로 생각한다.

모든 크리스천 어머니들의 마음에 "자녀사랑은 말씀암송이다"라는 명제가 심어졌으면 좋겠다. 아이들의 욕구를 받아주길 원하고 개성을 존중하기 원하는 이 시대에 어찌 보면 날뛰는 아이들을 앉혀놓고 말씀암송을 시키며 예배드리는 엄마들이 무식해 보이고, 시대에 역행하는 것처럼 보일지 모르지만 나중엔 훨씬 크고 단단하고 알찬 열매들을 맺을 줄로 믿는다.

유치원에 보내지 않기로 결정하고 한참 일반 육아서에 심취해서 책을 읽던 시절, 기억에 남는 말이 하나 있다. 아이들이 어렸을 때 엄마들이 먹일 것과 입힐 것은 신경을 쓰면서 무엇을 읽힐지는 덜 신경을 쓴다는 말과 어렸을 때 프로그래밍을 해놔야 나중에 아이의 습관으로 굳는다는 말이다. 그게 암송에도 적용되는 것 같다. 프로그램만 깔아두면 나중에 아이들이 스스로 알아서 생각하고 행동한다. 지금은 그 작업을 하는 중이다.

《자녀사랑은 말씀암송이다》는 암송의 길에 입문하였지만 시행착오를 겪고 있는 내게 더 행복하게 암송할 수 있는 방법과 자녀를 더 많이 사랑해야겠다는 마음을 불러일으켜주고, 더 나아가서 끝까지 완주해야겠다는 결심을 하게 해준 고마운 책이다. 암송하다가 시험에 들고 지치는 날이면 영양제를 맞듯 한 번씩 꺼내 읽으며 힘을 얻어야겠다.

여섯 살
말씀암송
선생님

"고향이 따로 있나, 정들면 고향이지!"라는 말을 일찍부터 타향살이를 하던 젊은 시절에 즐겨 노래했던 기억이 납니다. 이 말을 벤치마킹하여 이런 말을 하고 싶군요.

"선생님이 따로 있나, 먼저 배워서 가르치면 선생님이지!"

여태까지 철부지 어린아이, 말썽이나 피우는 내 아이로만 여겼던 여섯 살배기 딸이 말씀암송과 암송가정예배에 재미를 붙이고 익숙해지자, 엄마를 가르치겠다고 나선다면 얼마나 신통하며, 자랑스럽고, 대견하고, 사랑스러울까요? 슬하에 딸 서린(6세), 아들 서준(2세)이를 둔 평안교회 우정 집사(유니게 과정 58기 수료)의 감동적인 일기를 소개합니다.

성경암송학교의 유익 2011년 10월 18일

유니게 과정 2주차 강의 중에 장로님께서 암송예배의 유익에 관해 말씀하시면서 "혹 상황이 늦어져서 집에 도착했을 때 아이들이 잠들 것 같다면 이동 중 차 안에서 가정예배를 드리라"라고 하셨다.

'그래, 그럴 수도 있겠구나. 하나님께 드릴 가정예배의 주인공은 아이들이기에.'

이제까지 아이를 훈육하는 가정예배는 지극히 권위적이었다. 아이들에게는 예배가 아니라 부모의 잔소리를 들어야 하는 정말 하기 싫은 시간이었다. 그러나 새로운 말씀암송가정예배는 아이들이 암송한 것을 하나님께 아뢰고 감사하는 시간이므로 아이들은 칭찬을 듣고 자존감이 높아지는 즐거운 시간이 되었다. 내가 한 것이란 새롭게 암송을 시작한 일뿐이다. 그런데 이렇게 새로운 암송가정예배를 드릴 수 있게 되었고, 자녀교육 방법도 바뀌게 되었다. 또한 엄마와 자녀 관계가 자연스럽게 변했으며, 생각하지도 못했던 많은 유익을 얻게 되었다.

강의를 들으면 들을수록 인생의 귀한 보너스를 얻는 것 같은 느낌이다. 무엇보다도 딸과 함께 암송을 하니 감동이 더한다. 그 작은 입에서 하나님의 말씀이 선포되고, 작은 손을 맞잡고 함께 예배하는 시간! 달고 오묘한 그 시간이 이토록 감격스러울 줄이야…. 그동안 나는 얼마나 핑계만 대는 사람, 게으른 자였던가!

'아, 오늘은 피곤해서 암송예배 못 드리겠어. 예배는 내일 드리고 이성가신 애들을 빨리 재우고 밀린 집안일이나 얼른 하고 책을 봐야지.'

다 내가 하기 싫어서 아이들을 핑계 삼아 만든 사연임을 깨닫는다. 나의 영적 게으름으로 우리 아이들이 영적으로 영양실조에 빠지는 지경에 이른 것이다. 암송으로 말씀이 내 마음에, 그리고 아이들의 마음에 필사되면 언제 어디서든 즐겁게 예배드릴 수 있다. 특히 예배를 통한 감동은 받기 원하면서 변화되는 건 싫어하는 이 시대에 말씀암송으로 하나님을 모셔 들이고 묵상할 때 삶의 여러 곳에 변화가 나타나 선한 영향력을 끼치게 된다는 것을 알게 되었다.

말씀암송을 하게 되자 먼저 나 자신의 삶이 바뀌었다. 암송한 말씀이 내 삶을 주관하게 된 것이다. 이제는 어디서든 담대하게 말씀을 전할 수 있게 되었으며, 영적으로나 현실적으로 힘이 넘치게 되었다. 이웃을 사랑하는 마음이 일고 기쁨과 평안이 내 안에 자리하게 된 것을 깨닫게 되었다. 나는 이 모든 것을 우리 아이들에게 안겨주고 싶다. 하나님을 내 안에 모시는 감격과 보람을! 그것은 주일학교에서 이루어지는 것이 아니며, 엄마의 암송교육과 가정예배가 꾸준히 지속될 때 비로소 얻어지게 됨을 깨달았다.

엄마들이여! 이전의 나처럼 게으르며 상황을 핑계 삼지 말고, 깨어서 언제든 아이들과 함께 즐거운 분위기 속에서 말씀을 암송하고 암송가정예배를 드릴 수 있기를! 하나님께서 맡겨주신 존귀한 자녀에게 하나님의 말씀을 암송케 하는 것과 날마다 기쁘고 즐겁게, 자녀가 인도하는 가정예배를 드릴 수 있기를!

암송 시간을 알리는 알람시계 2011년 10월 19일

이번 주 강의시간에 암송예배를 게을리하지 않아야겠다는 감동을 받았다. 그래서 '생각나면 하고, 바쁘거나 깜빡 잊으면 안 해도 된다고 생각하는 일은 없어야겠다'라고 다짐했다. 오후 2시 30분, 유치원에서 집으로 돌아온 서린이와 함께 규칙 하나를 정했다.

"서린아! 우리 암송예배 드리는 시간을 정하자. 몇 시가 좋을까?"

딸은 아직 시간 개념을 완전히 알지 못하지만 제법 생각하는 시늉을 한다.

"음, 9시 어때?"

"와, 엄마도 9시가 좋다고 생각했는데, 엄마랑 마음이 통했네."

딸은 어깨를 으쓱하며, 배시시 미소를 짓는다.

"다른 일 하다가 잊을 수도 있으니까 알람을 맞춰놓을까?"

"그게 좋겠다. 그러면 안 잊겠어. 잊어버리고 깜박하면 하나님이 슬퍼하셔."

"그럼 알람이 울리면 서린이가 꺼주는 거야."

암송예배를 잊지 않겠다고 새 마음을 먹은 첫날인데도 아이들을 씻기고, 먹이느라 또 까맣게 잊고 있었다. 뭔가 다른 일을 하다가 알람이 울리는 순간 서린이와 나는 똑같이 눈이 동그래졌다. 서린이는 "어머!" 하며 혀를 내밀고 한참 있더니 얼른 알람을 끄고선 "엄마, 얼른 와!" 하며 암송책을 꺼내 들고 자리에 앉는다. 그러고는 신나게 꿈송, 맘송을 부르고 고린도전서 13장부터 암송을 시작했다. 중간에 내가 도와주려고 하면 입을 막으며 "쉿!" 한다. 자기 혼자서도 잘하는 모습을 보여주고 싶은가 보다.

"아, 조금 힘들다" 하며 볼멘소리도 했지만, 뿌듯한 마음이 드는지 스스로 자랑스러워하는 눈치다. 두 살배기 아들 서준이는 처음엔 손가락 꼽는 것을 흉내도 내고 찬양할 땐 춤도 추고 하더니, 이내 돌아다니며 놀다가 예배 후에 내가 누나를 꼭 안고 기도해주는 모습에 샘이 났는지 낑낑거리며 누나와 나 사이를 파고들어 기도에 합류한다.

평소엔 퇴근시간이 늦는 아빠를 핑계 삼아 미루고 미루었던 암송예배, 그동안 우리가 가정예배를 드리지 못했던 핑계를 남편에게 돌렸던 것을 생각하니 부끄럽고, 남편에게 참 미안하다는 마음이 든다. 사실은 나의 게으름 탓이었기에. 매일 저녁 9시, 암송예배 시간이 잘 지켜지길 바라며.

암송 선생님 놀이 2011년 10월 20일

평소 서린이는 '선생님 놀이'를 즐겨한다. 책이나 종이 등 여러 자료를 들고 와서는 집 안에 있는 의자들을 모두 세워놓고 그 위에 인형들을 앉힌다. 그러고는 정말 유치원 선생님들이 할 법한 말투를 그대로 흉내 내면서 신나게 논다. 그런데 오늘은 서린이가 "엄마, 암송하자!" 하는 게 아닌가. 딸이 먼저 암송하자고 하는데 "에이, 좀 이따 하면 안 될까? 엄마 지금 바쁜데…"라고 할 수가 없어서 고무장갑을 벗어 던지며 "그래!"

했다. 그러자 서린이가 이렇게 말했다.

"엄마! 이제부터 내가 암송 선생님이야. 내가 하는 거 따라 해!"

서린이가 한 절을 암송하고 이어서 내가 따라 했다. 또 서린이가 "이 거 한번 암송해보세요" 하면 시키는 대로 내가 암송했다.

"엄마, '우리'가 아니고 '내가'야."

제법 틀린 부분까지 지적했다.

"우와! 우리 서린이 실력이 쑥쑥 늘어서 이젠 엄마도 알려주고 진짜 하나님께서 기뻐하시겠다."

그러자 딸이 자랑스러운 얼굴로 대답했다.

"엄마, 이제는 암송이 너무너무 재밌어. 줄줄줄 나와!"

말씀암송예배의
생활화

● 말씀암송의 복을 누리자

3장

자녀교육을
위한
우선순위

성도라면 누구나 성경말씀을 줄줄 암송하는 사람을 보면 부럽기도 하고 도전도 받게 됩니다. 그럼에도 불구하고 말씀암송에 익숙한 사람은 극히 드문 것 같습니다. 왜일까요? 말씀을 암송한다는 것이 결코 쉽지 않기 때문이기도 하지만, 영적으로 사탄의 간교한 방해를 이겨내지 못하기 때문이 아닐까 합니다.

이를테면 자녀를 두셋 길러낸 엄마들은 "나는 이미 기억력이 다 사라져버려서 암송은 엄두도 낼 수 없다"라고 미리 체념하고 맙니다. 또 다른 엄마들은 "나는 학교에 다닐 때도 암송하고는 담을 쌓고 살아온 사람이다"라고 자신을 암송 무능력자로 폄하하기도 합니다.

어떤 엄마들은 "성경을 읽고 큐티를 하니 암송은 하지 않아도 얼마든지 신앙생활을 잘해나갈 수 있다"라고 말합니다. 또 "그전에 은혜충만

할 때는 열심히 암송했었는데, 이젠 다 잊어버리고 말았어요"라고 하면서 라오디아 교인 같은 신앙생활을 즐기는 사람도 있습니다. 이러한 바람직하지 못한 현상들은 영적으로 사탄의 꾐에 넘어가 차지도 덥지도 않은 지금의 신앙생활에 안주하는 것으로 이해됩니다.

303비전가족캠프에 참여하였다가 크게 도전을 받고, 가까운 교회에서 유니게 과정이 열리기를 손꼽아 기다리던 중 마침 수원 은혜교회에서 열린 2단계 과정에 등록한 엄마의 짧지만 순수한 열정이 담긴 암송일기를 소개합니다. 수지사랑의교회 이경희 집사는 지연(8세), 정연(5세), 의연(3세) 삼남매를 양육하고 있습니다.

303비전성경암송학교에 등록한 날 2011년 10월 20일

사모하며 기도로 준비하고 손꼽아 기다리던 303비전성경암송학교! 다락방 모임에서 이미 가족별 암송예배를 드리고 있었는데 감사하게도 이번엔 모두 함께 등록할 수 있었다. 그리고 그곳에서 뜻밖에도 지난 여름 303비전가족캠프에서 같은 조였던 인천순복음교회 김선복 집사님을 만나게 되었다. 자녀 부자라는 공통점이 있어서 더욱 가까이 느껴졌던 사이다. 넷째 세영이와 인천에서 함께 오셨는데 정말 반가웠다.

우리는 '주 안에서 항상 찬송하라' 조가 되었다. 여운학 장로님의 보너스 특강과 303비전 강의에 도전을 받았다. 집에 와서 암송쓰기 숙제도 하고, 필수 준수 사항인 암송예배도 배운 대로 드렸다. 가족캠프를 마친 후부터 지금까진 주로 첫째인 지연이와 암송예배를 드리고 성경책을 읽었는데, 오늘부터는 마음을 다잡고 둘째 정연이와도 함께 암송예배를 드렸다. 정연이는 좀 산만한 편이지만, 지연이는 동생과 함께 암송해서 신이 나는지 인도를 더 잘한다. 앞으로 정연이도 한글을 알게 되어서 찬양과 암송을 잘하게 되길 기대한다.

유니게 과정에서 정연이와 의연이가 말씀을 더 집중해서 듣고 알 수 있게 되길 기도해야겠다. 그리고 내가 먼저 꾸준히 하나님 말씀을 먹고 아이들에게도 말씀을 먹여야겠다.

'하나님! 303비전성경암송학교에 이끌어주셔서 감사드려요!'

십계명 외우기 2011년 10월 24일

그동안 딸과 수없이 반복해서 암송했지만, 잘 안 외워지던 십계명이 암송학교에서 한 시간 동안 훈련을 받고 나니 머릿속에 쏙쏙 들어오는 것 같다. 암송말씀 쓰기도 말씀을 정확히 기억하는 데 도움이 된다. 암송학교에 등록하기 전에 1단계 100절을 딸과 함께 외울 때는 손가락으로 절수 표시하는 것을 몰랐다. 그래서 훈련을 받은 후 이미 암송했던 말씀을 손가락으로 꼽아가며 다시 연습하고 있다.

303비전꿈나무모범생이 되려면 절수도 잘 표시해야 한다고 하셨다. 돌이켜보니 그동안 외우기는 해도 몇 절인지는 정확히 모르고 했었다.

'아, 내일 있을 암송학교가 기대된다.'

사춘기
자녀와
말씀암송

중학생 시절에 머리가 하얀 할아버지들이 마치 철없는 아이들처럼 농담을 주고받는 것을 보면서, '노인네들이 주책이다'라며 비웃었던 기억이 가끔 납니다. 외모는 늙어도 마음은 청춘이라는 말이 있듯이, 할아버지, 할머니들도 죽마지우(竹馬之友)를 만나면 절로 동심으로 돌아가게 마련인 것을 어려서는 미처 알지 못했던 거죠.

조금 다른 이야기이지만, 어린 자녀를 제대로 이해하는 부모님들이 많지는 않은 것 같습니다. 특히 부모 세대보다 사춘기가 훨씬 빨리 찾아오는 지금의 십대들을 부모들이 이해하기란 결코 쉬운 일은 아닙니다. 그래서 수많은 가정에서 부모와 십대 자녀들과의 따뜻한 정을 주고받는 삶의 나눔이 점점 멀어져가고 있는 것 같습니다.

이해의 측면에서 살펴보면, 이전 세대들은 일제 식민시대의 아픔을 겪고 6·25의 대환란과 폐허 속에서 딛고 일어서는 치열한 삶을 사느라 사춘기를 유한층의 속앓이 정도로 이해하고 살아왔습니다. 한편, 하루가 다르게 바뀌어가는 IT시대에 자라고 있는 십대들은 부모들이 겪은 고통에 대해 이야기를 하면 옛날이야기로밖에 들리지 아니할 것입니다.

그럼에도 불구하고 우리의 존귀한 자녀들에게 어려서부터 말씀암송과 자녀 중심의 암송가정예배를 생활화시켜야 할 첫 번째 책임은 부모에게 있습니다. 오늘의 부모님들은 먼저 주 안에서 자존감(self-esteem)을 찾아야겠고, 다음은 자녀의 성장 심리를 잘 이해해야겠지요. 그러기 위해서는 부모가 먼저 말씀을 사모하는 마음으로 즐겁게 암송하고, 자녀에게 모범이 되어 가르쳐야 합니다.

또한 교회학교에서도 말씀암송을 우선순위로 가르칠 때가 이르렀다고 봅니다. 경험을 통해서 절감한 것이 있습니다. 오늘의 십대들은 대부분의 경우, 엄마로부터 말씀암송을 배우려 하지 않는다는 것입니다. 오히려 엄마에게는 마음문을 절대 열지 않는 슬프고 뼈아픈 현실을 어떻게 극복해야 할지요. 그래서 엄마의 지혜로운 자녀의 심리 이해와 따뜻한 말 한마디의 배려가 얼마나 중요한지 모릅니다.

다음은 대전 세빛선교학교의 김문희 교장선생님의 암송일기입니다. 참고로 이 학교에서는 교장선생님을 비롯한 모든 선생님들이 암송교육 유니게 과정을 이수하고, 전교생에게 암송을 필수 과목으로 가르치고 있습니다.

엄마가 복 있는 사람인 줄 몰랐어요 2011년 10월 25일

"선생님, 암송해야죠."

30분 전에 엄마와 지훈이와 상담했기 때문에 오늘은 그냥 넘어갈 줄 알았다. 오히려 내가 끌려가는 기분으로 암송을 시작했다. 2주차 말씀(신 6:4-9, 롬 3:23,24, 갈 2:20, 마 7:7-14)을 반복하며 암송했는데 2주 전에 처음 시작할 때만 해도 '안 돼!'를 연발하더니 이제는 곧잘 외운다. 알고 보니 작년에 303비전성경암송학교 유니게 과정에서 이미 암송했던 말씀이라고 한다.

지훈이가 갈라디아서 2장 20절이 어렵다고 하기에 예수님과 함께 십자가에 달리는 것처럼 팔을 벌리고 외우라고 하니까 거부하지 않고 잘 따라 했다. 그래서 이번 주 말씀인 시편 1편 1절부터 3절도 암송했다.

"오늘은 3절까지만 외우자. 지훈이는 시편 1편에서 새롭게 깨닫게 된 것이 있니?"

갑자기 지훈이 눈에 눈물이 핑 도는 것이 보였다.

"엄마가 복 있는 사람인 줄 몰랐어요."

지훈이의 의외의 대답에 내가 놀랐다. 단순히 말씀암송을 한 것인데 사춘기인 아이 마음에 깨달음이 생긴 것이다. 그럴 수 있다는 것에 감사하고 또 감사했다! 마태복음 7장 7절부터 14절까지를 보면서 물었다.

"여기서는 어떤 것이 좋았니?"

지훈이가 또 거침없이 대답한다.

"생명으로 인도하는 문이 좁다는 것이요."

암송은 나와 함께하고 암송예배는 집에서 엄마와 함께 드릴 것을 지훈이와 약속해야겠다. 부모와 하는 암송은 십대들이 참 힘들어하는 데 비해 나와 함께 한다든지, 학교에서 하는 암송은 어려워하지 않고 몸을 뒤틀지도 않으면서 잘한다. 오늘도 끝날 때 "고마워, 지훈아. 네 덕분에 선생님도 암송 숙제를 다 했네. 네가 암송을 100절 하면 선생님이 큰 선물을 해야겠다"라는 말로 마쳤다.

학원에 다니고 있는 중학교 1학년 새힘이의 엄마는 우리 학교 선생님이다. 새힘이와도 말씀암송을 시작해야겠다. 또한 엄마가 할 수 없다고 포기한 아이들이 엄마와 암송하려 할 때까지 내가 먼저 시도해봐야겠다.

즐거운
말씀암송가정예배

우리는 지금 가정예배의 조용한 혁명을 일으키고 있습니다. 어른이 주축인 가정예배에서 자녀가 주축으로, 어른이 인도하는 예배에서 어린 자녀가 인도하는 예배로, 설교 중심에서 암송 중심으로, 일주일에 한두 번 힘들게 드리는 예배에서 날마다 신나게 드리는 예배로, 형식을 중시하는 딱딱한 예배에서 경배를 중시하는 즐거운 예배로 바뀌었습니다.

그뿐이 아닙니다. "얘들아, 가정예배를 드려야 한단다"에서 "엄마, 빨리 가정예배를 드려요"로, 부모는 부모대로, 자녀는 자녀대로 부담스러웠던 예배에서 자녀들이 앞장서서 서로 인도하겠다고 나서는 예배로 바뀌었습니다. 형편에 따라서는 온 가족이 차 안에 있을 때 아빠는 운전하고, 자녀가 인도하며, 엄마는 미소로 힘을 실어주며 즐거운 예배를 드립니다. 다음은 유니게 과정 50기 1,2단계를 마치고 반 년 후에 열린 3단계를 이수 중이며 은진(9세), 성은(8세)를 양육하는 보광중앙교회 이주희 집사의 일기입니다.

다시 시작한 성경암송가정예배 2011년 11월 11일

처음 암송학교를 간 후 말씀암송가정예배를 시작하기가 참 어려웠다. 한참을 쉬었다가 다시 시작하려니 두 배는 더 힘들었던 것 같다. 다시 시작해야겠다는 마음만 있고 실천에 옮기지 못했는데 얼떨결에 찬양조 섬김이가 되면서 조원들에게 "암송예배를 드리고 일기를 꼭 써오세요"라고 말하면서 '나도 꼭 해야지' 하는 다짐을 하게 되었다. 그렇게 집에 돌아와서 가정예배를 다시 드리게 되었다. 아이들은 고린도전서 13장도 거의 다 잊어버린 상태다. 나도 아이들도 충격적이었다.

그래도 정말 신나고 재미있게 드린 암송예배였다. 최대한 즐겁고 재미있게 하라는 한창수 목사님 말씀에 은혜가 되고 도전이 되었다. 다시 시작할 수 있어서 얼마나 기쁘고 감사한지 모른다.

보석 같은 자녀를 돌로 만들지 않도록 2011년 11월 14일

유니게 과정 3단계 교육 중에 "자녀가 우리 품 안에 있는 그 시간을 놓치지 말라!"라는 한창수 목사님의 말씀을 들으면서 마음이 급해졌다. 안 그래도 요즘 은진이가 세상 속으로 달려나가는 느낌을 강하게 받고 있었기 때문에 더 걱정이 되었다.

다시 시작한 성경암송가정예배는 아이들이 참 즐거워한다. 그동안 공연히 아이들을 핑계 삼아 내가 게으름을 피우고 있었던 것이다. '엄마' 된 자로서 내가 그 역할을 훌륭히 감당해나갈 수 있도록, 보석 같은 자녀를 돌로 만들어버리지 않도록 하나님이 도와주시길 기도한다. 오늘도 정말 감사한 하루였음을 고백한다.

훈련이 더 필요한 부분 2011년 11월 15일

가정예배를 이어갈 수 있다는 것만으로도 감사한 날이었다. 며칠 동안 분위기 좋게 예배를 드려왔는데, 오늘은 큰딸이 떼를 쓰는 바람에 내가 화를 내고 말았다. '참아야 하는데…' 하면서도 생각처럼 되지 않았다. 아마도 훈련이 더 필요한 부분일 것이다. 기쁘고 즐거운 암송예배가 될 수 있도록 하나님이 지혜를 주시길 기도한다.

성경암송예배에 아이들은 신났다 2011년 11월 17일

아이들이 친구네 집에서 놀다가 9시가 되어서야 집으로 돌아왔다. 학교 숙제는 미리 해놓았기에 괜찮았지만 또 다른 숙제들을 하고 자야 할 시간이었다. 그러나 성경암송예배에 우선순위를 두어야 하기에 나는 아이들을 불렀다.

"얘들아, 성경암송예배 드리자!"

아이들은 신났다. 공부나 숙제는 안 해도 되니까. 그래서 기쁨으로 예배를 마칠 수 있었다. 할렐루야! 우리 아이들에게 지혜와 명철을 허락하시길 기도한다.

뜨거운 중보기도 2011년 11월 19일

성경암송모임이 토요일 4시에 교회에서 있다. 엄마들이 아이들과 함께 성경암송도 하고 서로 육아에 대한 노하우를 나누기도 하는데, 우리 가운데 갈급함이 있었던 것 같다. 어쩌면 기본으로 돌아가기를 원하고 있었는지도 모르겠다. 이런 모임을 위한 뜨거운 중보기도가 없음을 깨닫고 기도하기로 했다.

새벽예배에 아이들과 함께 2011년 11월 21일

지난 토요일에 성경암송모임 예배에서 토요일만이라도 아이들과 함께 새벽예배를 드리자는 나눔이 있었는데, 마침 아이들도 매일 새벽예배에 가고 싶다고 했다. 솔직히 아이들의 반응에 '깨우면 일어나지도 않을 거면서…' 하는 마음이 있었다. 그런데 오늘 아이들이 일어나주어서 새벽예배에 함께 다녀올 수 있었다. 참 기쁘고 행복했다. 암송예배가 주는 유익이 참 많다.

매일
말씀암송가정예배의
중요성

지금까지 이 땅의 수많은 젊은 엄마들이 유니게 과정을 이수했습니다. 그중 대부분의 엄마들은 하나의 좋았던 추억으로 삼거나 한동안 암송의 맛을 경험했을 뿐 말씀암송을 지속하지 못하는 것 같아서 얼마나 안타까운지요. 더더욱 그 엄마들은 암송가정예배를 드리지 못한 결과, 일찍부터 사춘기에 접어든 자녀들이 방황하고 잘못된 길로 빠지는 것을 보고 뒤늦게 후회하는 경우가 적지 않은 것을 봅니다.

그러나 유니게 과정을 밟은 상당수의 엄마들은 날마다 즐겁고 행복하게 자녀와 함께 말씀암송을 지속하면서 자녀 중심의 암송가정예배를 드리고 있으니, 이런 소식을 들을 때마다 얼마나 기쁘고 힘이 샘솟는지 모릅니다. 실제로 이런 가정이 늘어갈수록 이 나라의 장래는 밝을 수밖에 없습니다.

아직 젖먹이 어린이라도 엄마가 즐겁게 말씀을 소리 내어 암송하며, 기도와 찬송이 떠나지 아니하며, 늘 암송 CD를 틀어놓고 생활하는 가정에서 자라는 아이들은 그야말로 말씀암송과 가정예배가 평생 몸에 배게 마련입니다. 이보다 더 좋은 가정교육과 신앙교육이 어디 있을까요!

물론 처음 말씀암송가정예배를 시작하려면 엄마의 용기와 지혜가 필요합니다. 결연한 자녀교육에 대한 의지도 필요로 합니다. 그러나 무엇보다도 나에게 맡겨주신 하나님의 자녀를 예수 그리스도의 참제자로 키우리라는 '꿈'이 있어야 합니다.

온누리교회 M센터 부교역자 유충선 목사의 사모가 쓴 암송일기입니다. 유니게 과정을 뒤늦게 알게 되어 급한 마음에 유니게 과정 18기 3단계부터 시작한 서은향 사모는 사랑(4세), 믿음(2세)이의 손을 잡고 유모차에 태워서 제일 먼저 출석하는 열심을 보였습니다.

좀 더 일찍 알았더라면 2011년 12월 15일

기다리고 기다리던 성경암송학교 첫날! 새벽예배에 다녀온 다음 바로 준비해서 남서울평촌교회로 갔다. 집에만 있던 사랑이가 성경암송학교에 간다니까 그렇게 좋아하더니, 강의 시간 내내 뒤에 앉은 아이에게 장난도 걸고, 혼자 떠들고, 의자 위를 오르락내리락 잠시도 가만히 앉아 있지 못한다.

성경암송 실전 시간, 사랑이가 자기 뒤에 앉은 아이와 돌아다니다가

급기야 티격태격한다. 엄마 등에 업혀 얌전히 잠자던 믿음이도 깨어나 답답한지 몸부림치며 칭얼댄다. 그럼에도 불구하고 나는 말씀을 암송하려고 열심히 노력했다. 강의를 들으면서 '좀 더 일찍 이 교육을 알았더라면 좋았을걸' 하는 아쉬움도 있었지만, 가장 적기에 하나님께서 불러주시고 오게 하심에 감사드린다.

어제 CGN TV 수요일 오전 여성예배의 설교 본문이 빌립보서 4장이었는데, 마침 암송학교 첫 본문도 같은 장이다. 하나님께서 내게 말씀하시려는 게 있는 것 같다. 육체는 힘들지만 기도와 말씀암송이 함께할 때 어떤 기적과 변화가 일어날지 앞으로가 기대된다. 쉬운 일은 아니지만 내 힘과 내 노력이 아닌 성령의 능력으로 승리하길! 꼭 완주하길 기도한다.

빌립보서 나오네 2011년 12월 17일

나는 젖 먹다 잠든 믿음이를 품에 안고, 사랑이는 나를 따라 곰돌이를 품에 안고 성경암송예배를 드렸다. 내가 먼저 기도하겠다고 하자 사랑이도 따라 하겠단다. 아직 나도 꿈송이 익숙지 않아서 혼자서만 찬양을 했다. 계속 딴짓을 하는 사랑이에게 찬양곡을 선택하라고 했더니 〈예수님 사랑합니다〉를 부르자고 한다. 그렇게 찬양을 하고, 빌립보서 4장 1절부터 12절까지 사랑이와 함께 읽은 다음 4장 4절을 여러 번 반복했다. 마지막으로 사랑이가 먼저 기도한 후 내가 기도하고, 주기도문으로 예배를 마쳤다. 사랑이는 몸을 배배 꼬고 비틀며 잠시도 가만히 있지 못했지만 그래도 어제보다는 조금 나아진 태도에 감사했다.

예배 인도자인 내가 더더욱 준비되어져야 함을 느낀다. 사랑이가 인터넷으로 어린이예배를 보고 싶다고 해서 일부러 빌립보서 4장 말씀이 본문인 것을 찾아서 보여주었더니, "어! 빌립보서 나오네. 성경암송하는 거다" 하더니, 조금 보다 곧 딴짓을 한다.

'그래, 이슬비에 옷이 젖듯 조금씩 젖어들길….'

말 안 듣고 뺀질대던 사랑이에게 화가 나려는 순간, 말씀이 떠올라서 화내지 않고 부드럽게 말할 수 있었다. 말씀이 나를 다스린 것이다.

'주여, 암송한 말씀이 나의 말과 삶을 온전히 다스리게 해주소서. 예수님 이름으로 기도합니다. 아멘.'

깊은 상처의
치유

옛날 이방 땅 하란에서 칠십여 평생을 평안히 잘 살아온 아브람을 향하여 어느 날 하나님은 "내가 너로 큰 민족을 이루고 네게 복을 주어 네 이름을 창대하게 하리니 너는 복이 될지라"(창 12:2)라고 말씀하십니다.

또한 시편은 이렇게 시작합니다.

> 복 있는 사람은 악인들의 꾀를 따르지 아니하며 죄인들의 길에 서지 아니하며 오만한 자들의 자리에 앉지 아니하고 오직 여호와의 율법을 즐거워하여 그의 율법을 주야로 묵상하는도다 시 1:1, 2

파스칼은 《팡세》 제2부 '하나님과 인간'에서 이렇게 말합니다.

"세 종류의 사람이 있을 뿐이다. 하나님을 발견하고 하나님을 섬기는 사람, 하나님을 발견하지 못하였기에 하나님을 찾아내려고 애쓰는 사람, 하나님을 발견하지도 못했을 뿐 아니라 발견하려고 노력하지도 않는 사람. 첫째의 사람은 슬기롭고 행복하며, 셋째의 사람은 어리석고 불행하다. 둘째의 사람은 이성적인 것 같지만 불행하다."

또한 그는 이렇게 말합니다.

"스토아학파(그리스철학의 한 학파로서 금욕과 이성을 주창)는 말한다. '네 자신으로 돌아가라. 거기만이 네 자신의 쉼이 있도다'라고. 하지만 이것은 참이 아니다. 또 다른 사람들은 말한다. '밖으로 나가라. 마냥 기를 살려서 행복을 구하라'라고. 이것 역시 참이 아니다. 병이 될 수 있다. 행복은 우리의 밖에 있는 것도 아니며, 안에 있는 것도 아니다. 행복은 오직 우리의 밖과 안에 계시는 하나님께만 있다."

복의 근원은 오직 하나님, 곧 하나님의 말씀뿐입니다. 이는 시대와 민족을 초월한 만고불역(萬古不易)의 진리입니다. 그런데 안타까운 것은 이 좋으신 하나님을 믿는 오늘 우리의 세대나 그 이전의 어른들 중 많은 분들이 부부의 갈등으로 인해 교회에서의 경건한 모습과 가정에서의 자제력 없는 부끄러운 삶을 어린 자녀에게 보임으로써 그들의 가슴에 평생 지을 수 없는 상처를 심어주었습니다. 이렇게 자란 상처투성이의 성인 아동(成人兒童)들이 부모가 되면, 십중팔구 스스로도 불행하고, 그 자녀에게 상처를 안겨주는 불행한 가정을 이루게 됩니다.

이 악순환의 매듭을 풀기에는 심리상담이나 정신질환 치료로는 기대치에 미치지 못합니다. 오직 하나님의 말씀을 먹이는 일 외에는 다른 길은 보이지 아니합니다. 《성경 먹이는 엄마》를 읽고 새 생명을 얻은 한 엄마(부교역자 사모)의 진솔한 글을 소개합니다.

암송을 통한 치유

암송을 시작한 지도 벌써 2년 반이 다 되어간다. 둘째를 임신하고 지독한 입덧으로 고생하던 시절, 나를 특별히 사랑해주시는 교회 집사님이 심심할 때 읽어보라고 책 몇 권을 가져다주셨는데 그중에 《성경 먹이는 엄마》라는 책이 있었다. 나는 그날 바로 책을 펼쳐 들고 밤을 지새워 다 읽어버렸다. 중간에 손을 놓을 수가 없었다.

그리고 그때 네 살이었던 한준이와 함께 갈라디아서 2장 20절로 우리의 암송 인생을 시작하게 되었다. 건강이 좋지 않아 잠깐 쉬었던 시기도 있었으나, 내 안에 암송을 향한 열정이 다시금 일어난 뒤로 지금까지 아이와 내가 암송한 구절은 250구절가량이 된다.

유니게 과정이 부천에서 열린다는 반가운 소식에 들떠 있는 요즘이다. 유니게 과정에 참여하지도 않은 상태에서 또 거룩한 매임은커녕, 주변 사람들은 내가 자녀들을 암송으로 교육하는 것에 대해 이해하지 못하는 상황이었다. 그럼에도 꾸준히 암송을 지속해올 수 있었던 것은 암송을 통해 누리는 은혜와 치유의 능력이 정말 놀라웠고, 놓치고 싶지 않은 보화였기 때문이다.

나는 깨어진 가정에서 자란 사람이다. 아버지의 육체적 폭력과 어머니의 언어 폭력을 아주 어린 시절부터 온몸으로 감당하며 살아야 했다. 그래서 나는 마음이 병든 사람이었고, 비뚤어지고 날카롭고 부정적인 성품의 소유자였다. 언제나 불안정한 심리 상태로 밤마다 가위에 눌리며 고통스러워했고, 친구들과의 관계도 늘 원만하지 못했다.

부모님은 온 집 안 물건들이 마치 쓰나미가 휩쓸고 지나간 것 같은 상태가 될 때까지 부부싸움을 했다. 심지어 나와 어린 동생들은 무더운 한여름에도 멍 자국이 수치스러워 반바지를 입고 다닐 수 없었을 정도로 무참하게 학대당했다. 그런데 이보다 더 놀라운 점은 두 분이 교회의 중직자인 것이었다. 나는 두 분의 이중인격을 증오했고, 신앙에 대한 회의로 어두운 학창시절을 보냈다.

그러던 어느 날, 예수님이 내게 다가오셨다. 그날도 지치고 외롭고 고통스러웠던 날이었다. 집에 들어가기 싫어 집 앞에서 어슬렁거리고 있는 내게 그분은 거부할 수 없는 힘으로 다가오셔서 아프고 외롭고 슬픈 내 마음을 만지기 시작하셨다. 그날 밤 나는 예수님의 손길 아래서 지난날의 상처와 아픔을 토해내며 밤새도록 오열했다. 그렇게 내 신앙생활은 새로운 국면으로 접어들었다.

이후 나는 열심히 교회에 다니며 더 깊이 하나님을 만나고자 사모했다. 상처가 많은 사람이라 치유집회도 다니며 은혜도 받았다. 그러나 나는 내 안에 뼛속 깊이 박힌 열등감과 낮은 자존감의 문제를 해결할 수 없음에 체념할 수밖에 없었다. 하나님을 만나고 뜨거운 첫사랑의 감격에 타올랐지만 그런 내 신앙이 내면의 문제를 해결하지 못하는 딜레마 속에서 내 신앙은 오랜 슬럼프에 빠지게 되었다.

그리고 시작하게 된 암송을 통해 말씀이 살아 있다는 것을 체험했다. 내 신앙이 불같이 타올랐다가 금방 시들해져버린 것은 내 안에 말씀이 없어서임을 암송을 통해 깨닫게 되었다. 날마다 같은 말씀을 곱씹는 시간을 통해 말씀 한 구절, 한 단어가 내 아픈 상처 위에 내려앉는 것을 느꼈다. 내 일그러진 자아상과 깊은 분노 위에 내려앉아 썩어진 곳을 소독했고, 새살이 돋게 했다. 나는 내 안에 일어나는 그 놀라운 치유의 경험을 붙잡고 싶었다.

더 이상 남편을 괴롭히는 어리석은 아내로 살고 싶지 않았다. 사람들의 말에 이리저리 휘둘리는 인생으로 살고 싶지 않았다. 그 일을 말씀암송이 가능케 하였고, 병든 나를 일으켜 세우기 시작했다. 나는 마치 병든 사람이 그 병으로부터 낫는다는 기적의 약을 만나기라도 한 듯 말씀을 암송했다. 세 아이를 양육하고, 첫 아이는 홈스쿨링을 하느라 바쁜 하루를 보냈지만 우리 하루 일과의 중심은 언제나 암송이다. 암송을 통해 누리는 자녀양육의 은혜까지 얘기하자면 공간이 부족할 것이다.

말씀암송은 우리의 심지를 하나님 앞에 견고하게 세워나가게 하고 세상 가운데서도 흔들리지 않게 하며 날마다 내가 하나님 앞에서 어떤 존재인지를 깨닫게 하고 우리의 사명을 알게 하는 능력을 주는 일이다.

나는 말씀암송을 통해 변화받았고, 참치유를 얻었다. 이것은 결혼 전, 치유집회를 통해 잠깐 받은 은혜와는 비교할 수 없었다. 그동안 이 일이 참으로 외롭고 고독한 싸움이라고 생각했는데, 하나님께서 내게도 유니게 과정에 참여할 수 있는 기회를 주시고 꼭 한 번쯤 뵙고 싶었던 분들을 만날 수 있게 하시니 내 마음이 들뜨지 않을 수가 없었다. 혼자만의 싸움이 아니었음을 깨닫게 될 그 시간이 정말 감격스러울 것만 같다.

엄마도
태아도
행복한
말씀암송태교

어떤 이는 돈만 있으면 행복할 줄 알고 오직 사업 확장에 혈안입니다. 어떤 이는 높은 자리에 앉으면 행복할 줄 알고 법과 양심을 어겨서라도 오직 당선을 목표로 각종 선거에 출마하여 목이 쉬도록 유세하고 다닙니다. 그런가 하면 어떤 이는 자기가 하고 싶은 일은 무엇이든지 다 하고 사는 것이 행복인 줄 착각하고 삽니다. 돈과 명예와 방탕은 인생의 참행복이 될 수 없는데 말입니다. 그러면 인생의 참행복은 어디에서 찾을 수 있을까요?

우리 속담, "등이 따스우면 배부르다"라는 말도 일리는 있으나, 그것이 참행복은 아니지요. 참된 꿈을 품고 그것을 이루기 위해 어떤 어려움일지라도 성실과 기쁨으로 이겨나가는 사람에게 참행복이 찾아오지 않을까요. 그렇다면 참된 꿈은 무엇이며, 어떻게 이루어질까요? 우리의 참

된 꿈은 오직 30년 이후에 이 땅의 주인공이 될 우리의 어린 자녀를 말씀 암송으로 태교하고, 어려서부터 엄마의 즐거운 암송 모범과 날마다 드리는 암송가정예배를 체질화시키며 양육하는 데 있다고 나는 믿습니다.

프로이트는 사람의 성품이 3세가 되기 전에 이미 다 형성된다고 말했습니다. 그의 주장이 전혀 틀린 것은 아니라고 봅니다. 그러나 실상은 아이가 태중에서 이미 품성(稟性), 곧 천성이 형성된다는 사실이 수많은 사례에서 증명되고 있습니다.

말씀암송태교로 태어난 아이들은 한결같이 잘 웃고, 잘 자고, 잘 먹고, 잘 자랍니다. 그뿐 아니라 지혜가 뛰어납니다. 그래서 저는 그런 아이들을 가리켜 '슈퍼 신인류'라고 즐겨 부릅니다. 지금 유니게 과정을 수료한 엄마들로부터 태어난 수백 명의 슈퍼 신인류들이 이 땅에서 무럭무럭 자라고 있습니다.

최근 유니게 과정에서 암송훈련을 받으며 암송가정예배를 드리고 있는 한 임신부의 일기를 퍼왔습니다. 영락교회 이진영 전도사의 김민경 사모는 태중에 슈퍼 신인류 온유와 날마다 대화하며 함께 암송하고 가정예배를 드리고 있습니다.

찬송에 반응하는 온유 2012년 1월 6일

맘송으로 가정예배를 시작하는데 갑자기 온유가 꿈틀꿈틀 움직이기 시작했다. 부드럽게 "엄마와 함께 찬양해서 기분이 좋은가 보구나" 하며, 이어서 '303비전꿈나무송'을 불렀다. 저절로 박수가 나오고, 몸을 좌우로 흔들며 찬송하니 뱃속에 있는 온유도 신났다. 아마도 손발을 다 동원해서 춤추고 있는 듯하다. 남편에게 이 사실을 말하니 신기해한다. 그리고 '태교의 노래'를 불렀더니, 이번엔 온유가 가만히 있었다. 내가 태교의 노래를 부를 땐 항상 감정이 복받쳐서 살짝 목이 메는 걸 온유도 아는 모양이다.

그동안 훈련받은 말씀들을 암송하고 오늘은 100절 전체를 소리 높여 읽었다. 그리고 나눔의 시간에 배에 손을 얹고서 "온유야, 고린도전서 13장은 엄마가 너를 잉태하게 하신 하나님의 말씀이란다" 하고 말해주었다. 아빠도 온유에게 말했다.

"외할머니가 편찮으신데 엄마가 유니게 과정에서 암송한 말라기서 4장 2절(치료하는 광선)과 시편 103편 3절(네 모든 병을 고치시며)과 마가복음 16장 18절(병든 사람에게 손을 얹은즉 나으리라) 말씀이 엄마에게 큰 위로가 되었단다."

마지막으로 아빠는 온유에게 조용히 시편 119편 97절 말씀을 읽어주었다.

"내가 주의 법을 어찌 그리 사랑하는지요 내가 그것을 종일 작은 소리로 읊조리나이다."

이 말씀을 열 번이나 반복하여 읽어주면서 "이것이 하나님을 향한 엄마의 사랑 고백이란다. 이 말씀이 우리 온유의 고백이 되길 원한다"라고 말했다. 이어서 축복기도로 예배를 마쳤다. 남편은 쑥스러운 듯 "온유

를 빨리 보고 싶다" 하면서 날더러 "잘 자요"라고 말한다. 온유와 함께
드리는 가정예배는 요즘 우리 부부의 참행복의 근원이다.

말씀 자장가 2012년 1월 7일

어제 온유와 가정예배를 드리다가 하나님께서 주신 마음이 있었다.
'온유를 위한 기도문'을 작성하라고 하신 것이다. 처녀 시절에 배우자를
위해 기도하며 '어떤 사람을 만나면 좋을까요?' 하고 계속적으로 여쭈
었을 때, 하나님은 내가 원하는 이상형을 내려놓게 하시고, 나에게 가장
잘 맞을 것 같은 기도제목 열 가지를 주셨다.

그 후 1년간 기도 끝에 만난 남편은 그 기도가 고스란히 응답된 사람
이었다. 그때의 놀라운 하나님의 은혜가 다시 기억이 나면서 내가 원하
는 아들이 아닌 하나님이 원하시는 아들(예수님의 참제자)로 관점을 바꿔
서 기도문을 써야겠다는 생각이 들어 이렇게 기도했다.

'하나님! 제가 온유를 위해 어떤 기도를 하기 원하세요?'

하나님께서 대답해주실 멋진 기도문이 기대된다. 그리고 잠시 온유
에게 말을 하려는데 고린도전서 13장이 생각났다. 암송한 지 오래되어
서 기억이 가물가물한데 그때 한 생각이 떠올랐다. 남편과 내가 교제를
결정하기 전에 하나님께서 원하시는 일인지 말씀으로 확인 받기 위하여
기다렸던 시간이 있었다. 그때 오랜 기도 기간 끝에 하나님이 내게 주신
말씀은 그냥 한 절 말씀이 아니었다. 사랑장 전체를 보여주시며 축복해

주셨다. 그와 함께 우리 온유도 사랑장을 다 외웠을 때 주셨음이 기억났다. 이 말씀을 온유를 향한 주제 자장가, 주제 태담, 주제 이야기로 삼아야겠다는 생각이 들었다.

또 우리 조원인 사모님 세 분과 함께 안산제일교회에서 열리는 유니게 과정 62기 1단계에 참석하기로 결단한 것이 생각나며 하나님의 완벽하심에 놀랐다. 절대 강요하지 않으시고 생각의 조각들을 통해 암송학교로 다시 이끄심에 감사하고 또 감사하다.

오늘 가정예배는 시편 42장 1절부터 5절 말씀을 암송했다. 특히 마지막 5절에 "내 영혼아 네가 어찌하여 낙심하며 어찌하여 내 속에서 불안해하는가 너는 하나님께 소망을 두라 그가 나타나 도우심으로 말미암아 내가 여전히 찬송하리로다"를 암송하며 '내 육신과 내 영혼은 하나님께 속한 것'임을 깨달았다. 그래서 시인이 육신 속에 갇혀 낙심한 자신의 영혼에게 2인칭으로 말하는 것 같다.

"내 영혼아, 너는 내 육신 속에 있지만 네 원래 주인이 하나님이시니 그분께 소망을 두라."

그러면 나도 찬양할 수 있다고, 온유도 지금 내게 속해 있어(육적으로) 나의 감정과 신앙뿐 아니라 먹는 것에 영향을 받지만 원래의 소속은 하나님이심을 상기시켜주시는 것 같았다. 그리고 이 긴밀한 상태를 허락하신 하나님의 선하신 의도는 오직 말씀암송을 통한 태교에 있음을 다시 한 번 깨닫게 해주셨다. 마지막 축복기도를 하면서 온유에게 말했다.

"세상의 기준과 잣대가 너를 낙심하게 만들지라도 온유는 하나님의 소속임을 잊지 말아라. 하나님께 소망을 두고 그의 도우심을 날마다 느끼는 친밀한 교제를 하며 살라."

온유는 가정예배가 좋대요 2012년 1월 8일

주일예배를 마치고 부산에서 온 조카와 저녁을 먹고 집에 오니 10시였다. 집 정리를 한 후 씻고 준비를 마치니 밤 11시가 되어서야 예배를 시작할 수 있었다. 졸린 눈을 부비며 찬양을 시작했다. 오늘은 말라기서 4장 1절만 겨우 암송한 터라 1절만 암송 후 4장 전장을 반복해서 읽었다. 그리고 온유와 함께 오늘 있었던 일을 나누었다.

가정예배만 드리면 어찌나 움직이는지 정말 말씀에 즉각 반응하는 온유가 신기하다. 온유는 뱃속에 있기에 시간을 정하지 못한다. 자기 직전이라고 정했던 가정예배 시간을 고정해야겠다. 남편과 같이 드리고 싶지만, 늦게 들어올 때가 많아서 기다리다 피곤한 상태로 예배를 드리는 것보다는 시간을 구별해 드리는 게 옳다는 생각이 든다.

목회자
가정에
찾아온
참행복

여태까지 어린이교육에만 편중하여 미처 생각하지 못했던 부분이 있었습니다. 가끔 연만하신 권사님들이 "눈이 어두워서 성경을 읽을 수 없게 될 때를 대비해서라도 성경암송을 해야겠는데, 유니게 과정 말고 로이스 과정도 만들어주시면 좋겠어요"라고 간절한 요청을 하시는 분들이 계셔서 이를 위해 기도한 지 오래되었습니다.

그리고 소외되어 잘못 자라고 있는 다민족가정의 어린이들과 외국인 엄마들을 위한 성경암송교육을 위해서도 간절히 기도하고 있는 중입니다. 또한 고아원이나 여러 시설에서 자라고 있는 어린이들을 위해서도 오래전부터 기도하고 있습니다.

그러다 미처 생각하지 못했던 곳에서 큰 보람과 기쁨을 발견하게 되었습니다. 목회자와 사모, 사춘기 청소년이 된 아들의 삶이 함께 더 풍성해졌다는 것입니다. 중년에 접어든 목사와 사모가 나란히 유니게 과정 60기 1단계에 참여해서 말씀암송을 열심히 훈련받고 있습니다. 다음은 서울성도교회 윤성운 목사의 김경희 사모(아들 사무엘 13세)의 일기입니다.

저녁 아홉 시에 울리는 찬양 소리 2012년 2월 10일

저녁 아홉 시, 303비전성경암송노트를 들고 안방으로 모였다. 아들이 인도를 한다. 맘송과 꿈송을 부르고 오늘은 태교의 노래로 함께 찬양하였다. 인도를 하는 아들도 점차 나아지고 있다. 제법 매끄럽고 진지한 모습으로 인도를 하니 든든하기까지 하다. 고린도전서 13장부터 오늘 암송한 시편 23과 100편, 마태복음 5장 1절부터 16절까지 암송을 하였다. 시편 선물세트와 마태복음은 그냥 보고 읽었다. 나눔의 시간에 아들이 말했다.

"전 어렸을 때에 시편 23편의 '해를 두려워하지 않을'에서 그 해가 하늘에 떠 있는 해인 줄 알았어요. 그런데 그것이 아니라, 해(害)를 입을 때의 그 해인 것을 깨닫게 되었어요."

온 가족이 한바탕 웃었다. 어머니도 함께 웃으시니 말씀암송가정예배 시간이 즐겁고 감사하다. 남편도 느끼고 결심한 것을 고백했다.

"차근차근 말씀암송을 하면서 느낀 것은 '그동안 내가 참 빈틈이 많은 사람이었구나' 하는 것을 깨닫게 되었어요. 앞으론 말씀으로 꽉 찬 사람이 되기로 했어요."

늘 말씀을 묵상하며 설교하며 삶으로 살기를 몸부림치는 남편임을 알기에, 그 고백은 참으로 귀한 고백이요 나눔임을 알 수 있었다. 그런 남편이 나는 참 존경스럽다. 말씀을 부지런히 가르치며, 그 말씀에 순종함으로 올해부터 시작하게 될 홈스쿨링에 성령의 기름부으심이 넘치기를 기도하고, 남편이 축복기도로 예배를 마무리했다.

소중하고 귀한 시간 2012년 2월 18일

시편 100편 1,2절을 교회까지 걸어가는 길에서도, 교회에 들어가면서도 선포하였다.

"온 땅이여 여호와께 즐거운 찬송을 부를지어다. 기쁨으로 여호와를 섬기며 노래하면서 그의 앞에 나아갈지어다!"

말씀을 암송 선포하는 나의 입술과 마음에 기쁨이 충만해졌다. 즐겁게 여호와를 찬송해야 함을 깨닫게 되었고, 여호와를 섬기는 모든 일은 기쁨이 함께해야 함을 묵상하였다. 주일학교 어린아이에게 줄 과자를 살 때도, 교회를 청소할 때도, 사랑하는 성도의 집을 방문할 때도 기쁨으로 감당해야 함을 주께서 가슴에 새겨주셨다. 여호와 앞에 나아갈 때에 내가 준비해야 할 것은 즐거운 찬송과 기쁨이라는 것을 깨닫게 되니, 독수리가 큰 날개를 펼치고 창공을 날아오르는 상쾌한 기분으로 충만했다.

말씀을 허락하신 하나님 아버지께 기쁨이 가득한 감사를 올린다. 토요일이라 아들과 어머니 그리고 나까지 셋이서 말씀암송가정예배를 드렸다. 오늘은 마태복음 7장 7절부터 14절을 암송한 후 문득 칭찬을 많이 하라는 실장님의 말이 생각나서 아들에게 칭찬으로 기름을 발라주었다. 평상시에 말씀을 잘 못하시던 어머니도 우리가 암송하면 정확하지 않은 발음으로 따라 하신다. 평생 말씀과 찬양, 기도로 사셨던 어머니이시기에 찬송하며 암송하는 우리를 대견한 듯이 바라보신다.

"어머니! 예수님이 생명이시고 말씀이 하나님이시지요?"

이렇게 여쭤보면 어머니도 빙그레 웃으시며 고개를 끄덕이신다. 어머니와 함께하는 시간들이 참 소중하며 귀한 시간을 허락하신 주님께 감사드린다. 마태복음 7장 7절부터 14절까지 암송쓰기를 한 아들은 이제 잠언을 읽고 있다.

생명의 문으로 가는 길 2012년 2월 19일

3주차에 접어들어 최에스더 사모님의 강의를 들었다. 부드러운 목소리로 단호하게 복음에 대해 바르게 알아야 할 것을 선포한 그 모습이 아직도 눈에 선하다. 하나님나라를 꿈꾸며 그 말씀에 순종하는 마음으로 하는 성경암송과 홈스쿨링에 강한 도전을 받았다. 자녀에게 성경암송을 하게 하는 이유는 하나님의 명령이시기에, 또 이 길이 아니면 안 되기에 걸어가는 좁은 문이다. 들어갈 때는 좁고 힘들지만 결국에는 생명에 이르게 하는 유일한 길이기에 성경암송을 하라고 자녀에게도 가르친다.

홈스쿨링도 마찬가지이다. 자녀에게 또 다른 성공을 바라는 것이 아니라, 하나님의 말씀을 전수하고 하나님나라 가치관으로 양육하고 싶어 이 길에 들어선 것이다. 사모님의 강의에 크게 도전받은 것은 정말 하나님을 제대로 알고 믿는다면 과연 지금 이대로 살겠는가 하는 것이었다.

그동안 나는 정말 이 길만이 살 길인가 고민했는데, 강의를 통하여 결론을 얻었다. 구하는 이에게 주실 것이라 하셨듯이 지혜와 용기를 구한 나에게 하나님은 약속하신 대로 응답하시고 계심에 감사드린다.

암송일기는 다시 읽어보니 새롭다. 불과 일주일 전 이야기인데 어찌나 새롭고 생소한지 "보라! 새것이 되었도다"의 고백이 절로 나온다. 약해진 기억력에도 불구하고 말씀암송이 되는 것도 기적 같다. 그래서 이번 주에는 매일 암송일기를 쓰려고 한다. 하나님께서 함께하신 하나님의 역사, 히스토리(history)가 될 것을 믿기 때문이다.

목자이신 하나님 2012년 2월 20일

내일부터 있는 성경통독 수련회에 참석하기 위해 아들이 포천으로 갔다. 데려다 달라는 아들의 요청에 두 남자가 나가고 나니 집 안은 텅 빈 듯 고요해졌다. 어머니와 단둘이 앉아 TV 시청을 하다 성경암송을 하였다.

"여호와는 나의 목자시니 내게 부족함이 없으리로다"(시 23:1).

이 한 구절에 마음이 꼭 붙들린다. 두 남자만 없어도 집은 텅 비고 적막이 흐르는데, '이 모든 것이 없다 할지라도 내게 부족함이 없다 할 수 있겠는가?' 하는 생각이 문득 스친다.

'환경의 어떠함 때문에 여호와가 나의 목자가 되는 것이 아니라, 목자의 음성을 듣고 따를 때 나의 삶에 부족함이 없겠구나.'

나는 하나님의 양이다. 양은 목자의 음성을 들어야 한다. 그의 음성을 듣고서야 좋은 꼴이 있는 곳으로 갈 수 있는 것이다. 양은 스스로 좋은 꼴을 찾을 수 없다. 스스로 찾다가 길을 잃게 되고, 야수에게 먹힐 수도 있다. 그러하기에 양은 무엇보다 목자의 음성에 귀 기울여 잘 듣고 따라야 하는 것이다.

하나님이 나의 목자이심에 얼마나 큰 감사가 되는지! 무엇보다 하나님의 음성을 귀 기울여 듣고 따라가면 되기에 하나님이 주인 된 나의 삶은 부족함이 없다고 고백할 수 있다.

그가 나를 푸른 풀밭에 누이시며 쉴 만한 물가로 인도하시는도다 시 23:2

얼마나 아름답고, 안전한 약속인지! 어머니와 함께 인도하시는 목자이신 하나님을 찬양한다.

말씀 부자 2012년 2월 21일

선물로 받은 시편 종합선물세트를 암송하니 아름다운 연상들이 머리를 스치고 지나간다. 목자의 음성을 듣고 졸졸 따라가는 양의 모습, 푸른 풀밭에서 마음껏 먹고 뛰노는 양들의 잔치, 열매와 잎사귀가 무성하고 푸르디 푸른 나무가 즐겁게 창조주를 찬양하는 모습, 어디 그뿐인가? 원수의 목전에서 나의 아버지가 상을 차려주시고 기름을 부으시는 모습은 얼마나 감격적인지….

감사함과 기쁨으로 어린아이같이 뛰놀며 아버지의 집에 거하는 모습은 생각만으로도 뿌듯하고 행복하다. 시편 23편 전편과 시편 100편 전편을 이어 암송하고 나니 내 영이 부자가 된 듯이 큰 기쁨이 찾아온다.

내 영혼을 소생시키시고 자기 이름을 위하여 의의 길로 인도하시는도다

시 23:3

나를 살리시고 의의 길로 인도하심에 대한 이런 큰 보증수표를 받으니 마음이 든든하고 안도감이 밀려온다. 말씀을 주심에 감사로 영광을 돌린다.

지혜로운 어머니의 역할

우리의 어머니들은 누구와 비할 데 없이 존귀합니다. 세상이 많이 변했다고 하지만 수많은 어머니들이 여전히 남편과 자녀를 위한 무조건적 헌신과 희생을 운명처럼 여기고 감당하며 산다 해도 지나친 말은 아닐 것입니다. 말할 수 없는 아픔을 견뎌내기도 하겠지만, 그래도 우리의 가정들은 그런 어머니가 있기에 평화롭게 세워져간다고 봅니다.

물론 아버지의 헌신과 희생이 없어서는 한 가정이 제대로 이루어질 수 없겠지요. 다만 먹고사는 것뿐 아니라, 어린 자녀들의 뒷바라지를 하며 가정교육을 비롯한 모든 양육을 제대로 시키는 일에 어머니의 역할은 말로 다 할 수 없으리만큼 큽니다.

이런 글을 쓰려고 하면 먼저 결손가정에서 자라고 있는 어린이들이 마음에 걸립니다. 어른들의 갈등과 자기중심적인 이해타산의 결과로 주께서 낳아 기르게 하신 자녀들의 가슴에 못을 박는 일이 최근 들어 부쩍 늘어나고 있다는 소식을 들을 때는 정말 목 놓아 울고 싶을 지경입니다. 그럼에도 불구하고 이 땅에 많은 현숙한 어머니들이 자신의 자녀들뿐 아니라, 동네 아이들까지 불러 모아 사랑과 정성을 다하여 하나님의 말씀을 즐겁게 암송시키고 있습니다.

빗나가기 쉬운 어린 영혼을 일깨워주고, 밝은 빛으로 인도하고 있는 이야기를 소개합니다. 부천 참빛교회의 부교역자 박광국 목사의 송윤희 사모가 쓴 일기입니다. 슬하에 한준(9세), 한서(6세), 진서(3세)를 말씀암송으로 양육하고 있습니다.

거룩한 소원 2012년 3월 14일

한준이와 함께 사무엘상을 읽고 있다. 한준이는 어린 사무엘이 엄마와 떨어져 성전에서 살았던 일과 불량배로 자란 엘리 제사장의 두 아들 홉니와 비느하스 같은 악한 사람들이 곁에 있었는데도 하나님 앞에 의롭게 살 수 있었던 사실에 놀라워했다.

"엄마! 어른도 아니고 아이가 어떻게 그럴 수 있었을까요? 난 어쩔 땐 짓궂은 장난을 치는 아이들이랑 있으면 나도 그렇게 해보고 싶을 때도 있는데… 사무엘은 엄마랑 살았던 것도 아닌데 대단한 것 같아요."

한준이는 성경 속에서 만나는 믿음의 거장들 앞에서 자신의 연약함을 발견하고 거룩한 소원을 말하곤 한다. 아이의 질문에 나는 잠깐 생각에 잠겼다가 얘기를 시작했다.

"엄마도 사무엘이 정말 대단하게 여겨지는구나. 어떻게 어린 사무엘이 악한 삶을 사는 사람들 가운데서도 악에 물들지 않고 하나님 앞에 거룩함을 지키며 자랄 수 있었는지 확실히는 모르겠지만 사무엘이 어렸을 때 하나님의 음성을 들었던 체험이 그를 강력히 붙든 게 아니었을까? 범죄하는 엘리 집안을 버리시겠다는 하나님의 음성을 듣고 사무엘이 하나님을 경외하는 마음을 품었을 것 같구나. 하나님 앞에 악을 행할 때 하나님으로부터 버림받을 수 있다는 두려움이 그로 하여금 거룩한 삶을 열망하도록 한 것이 아니었을까 하는 생각이 드네."

평소 놀 때는 여느 개구쟁이 아이들처럼 장난꾸러기지만 이런 말씀 앞에서는 진지함으로 고개를 끄덕인다.

그날 우리는 함께 기도했다. 한준이가 사무엘처럼 아직 어릴 때 하나님의 음성을 듣게 해달라고, 시대가 날로 악해져가지만 하나님의 음성을 들은 그 거룩한 기쁨 때문에 날마다 거룩함을 사모하며 세상과 구별된, 하나님의 깨끗한 그릇이 되게 해달라고.

어느덧 한준이가 280구절을 암송한다. 하나님의 말씀이 아이의 심령에 차곡차곡 쌓여져갈 때마다, 나는 악한 환경 속에서도 사무엘이 거룩한 삶을 살아내도록 강력하게 붙들어주신 하나님의 말씀의 능력이 내 아들의 삶에도 충만하게 임하기를 기도했다. 그리고 우리는 이것을 사모하며 날마다 말씀을 향해 달려갈 것이다. 하나님의 말씀이 우리에게 거룩한 삶을 향한 열정을 불러일으킨다.

토요일 암송 모임 2012년 3월 17일

매주 토요일, 우리 집에 여덟 명의 아이들이 모이는 날이다. 이름하여 '암송 모임'이다(너무 평범한가?). 언젠가 이 아이들이 자기들끼리 모여 놀면서 하는 얘기를 들은 적이 있다.

"넌 일주일 중에 어느 날이 제일 좋아?"

"당연히 토요일이지."

"나도 토요일이 제일 좋아. 암송 모임을 하는 날이잖아."

아이들의 대화를 듣고 얼마나 기쁘고 행복했는지 주님만이 아실 것이다. 이 아이들의 엄마들은 나를 통해 암송에 관심을 가지기 시작했다. 드세고 불순종하는 자녀들 때문에 힘들어하던 가운데 한준이의 순종하는 삶에 감동 받은 엄마들이 그 '비법'을 알고 싶어 했다. 그렇게 그들에게 암송이 소개되었고, 그 가운데는 직접 암송학교를 수강하게 된 분도 있고, 아직 암송에 대해 마음문이 다 열리지 않은 분도 있다. 어찌되었든 아주 미약한 시작이지만 그 작은 모임이 불씨가 되어 우리 교회에도 암송이 조금씩 번져나가 하나님의 말씀 위에 굳게 선 건강한 그리스도인이 많이 세워지기를 소망한다.

암송 모임 오프닝으로 우리는 다 같이 꿈송을 부른다. 모르는 아이들에게도 가르쳐줬는데, 다 함께 목청껏 부르는 모습이 얼마나 예쁜지 모르겠다. 같이 기도한 후에 시편 1편이나 시편 23편을 한목소리로 암송하는데, 이것은 모임의 집중력을 일으키는 데도 도움이 된다. 그전에는 시편 1편과 23편을 대충 암송하던 아이들이 암송 모임을 통하여 어느덧 완벽하게 암송하는 모습을 보는 것도 내겐 큰 기쁨이다.

이 암송 모임을 시작한 지 두 달이 넘어가면서 부인할 수 없는 뚜렷한 사실 한 가지를 발견하게 되었다. 그것은 아이들이 부모의 신앙을 보여주는 '거울'과 같은 존재라는 것. 암송을 통해 하나님을 만나기를 사모하는 열정, 그 하나만으로 온전히 만족하는 엄마인지에 따라 아이도 암송할 때의 눈빛과 자세와 나눔이 벌써 다르다. 그러나 암송을 통해 신앙과 학문이라는 두 마리 토끼를 잡고 싶어 하거나 '아이의 성품이 변화되는 기적이 일어나야 할 텐데' 하며 말씀을 외우는 일이 어떤 마법인 양 생각하는 엄마의 자녀에겐 암송은 또 하나의 무거운 짐으로밖에 여겨지지 않는 것 같았다.

말씀을 자녀에게 암송시키는 일은 영혼의 신령한 젖을 먹이는 일이다. 그것은 곧 엄마 몸 안의 곰삭은 영양분이 젖으로 나와 갓난아이를 먹이고 자라나게 하듯, 엄마의 영혼 속에서 곰삭은 말씀의 은혜를 아이의 영혼에 먹여 아이의 영을 자라나도록 이끄는 일이다. 그래서 부족하지만 내 영혼에 깃든 말씀의 젖을 토요일마다 영의 고갈 상태에 놓여 있는 아이들에게 먹여주고 싶었다. 빛의 자녀답게 살 수 있도록 붙들어주고 싶었다.

어쨌든 이 모임을 통해 어떤 아이들은 엄마가 지도하지 않아도 스스로 선물 받은 암송노트를 꺼내 말씀을 암송하고, 토요일에 모인 아이들 앞에서 자랑스레 암송을 발표하여 칭찬과 격려의 박수를 듬뿍 받으면 다음 주에는 더 열심히 암송해오곤 한다. 나는 이런 모습을 보면서 기쁨과 보람을 느낀다. 그리고 이 여덟 명의 아이들은 분명히 우리 교회의 소 망이 될 것이다.

나, 지금 좁은 길로 들어간 거죠? 2012년 3월 19일

올해부터 본격적으로 암송을 시작한 한서도 벌써 35구절을 암송했다. 만 네 살의 한서는 꾸준히 엄마와 아빠의 암송 소리를 들은 덕분에 아주 자연스럽게 암송을 시작할 수 있었다. 자연스럽다 못해 한서의 암송에 대한 열정은 신기할 정도다. 암송을 좋아하는 애들이 있다는 말을 들었을 때 처음엔 잘 믿어지지 않았는데, 한서를 보면서 실감이 났다.

별로 말수가 많지 않은 내가 홈스쿨링을 하느라 어쩔 수 없이 오전 한 나절은 내내 말을 하면서 보내다보니 오후에는 좀 과묵해지는 편이다. 애들이 뭐라고 말을 해도 "응, 그래?", "그렇구나", "글쎄"라고 성의 없는 대답을 할 때가 많은데, 한서는 끊임없이 하루에도 몇 번씩 "엄마, 우리 마태복음 7장 암송해볼까요?"라고 한다. 그 말에 아직까지는 한 번도 거절해본 적이 없다. 딱 한 번, 여러 사람이 타고 있던 조용하고도 적막한 엘리베이터 안에서 그냥 웃으며 "내려서 하자" 하고 넘어갔던 것을 빼고는.

마태복음 7장 7절부터 14절까지의 말씀 중 좁은 길, 넓은 길에 대해 관심이 많던 한서는 자신의 행동 하나하나를 말씀 앞에 점검해보려 할 때가 있다. 동생 진서에게 뭔가를 양보하거나 참아주고 나서는 "엄마!

나 지금 좁은 길로 들어간 거죠?" 하고, 그렇지 못할 때는 넓은 길로 간 것 같다며 뒤늦게 후회하며 묻는다.

"저, 지옥에 가나요?"

내가 대답했다.

"그 길로 계속 들어가면 그렇겠지. 그렇지만 회개하고 돌아서면 지옥에는 가지 않아."

그러면 한서는 더욱 좁은 길로 들어가기 위한 행동을 하고자 신경을 쓰는 모습을 보인다. 이렇게 말씀은 내 어린아이들의 삶 속에 다림줄이 되어 하나님의 기준에 맞는 삶을 살게 만든다.

남편을
놀라게 한
아내의
말씀암송

부부는 세상에서 가장 가까운 사이도 될 수 있고, 가장 먼 사이도 될 수 있습니다. 부부가 사랑할 때는 자연스럽게 한 몸과 한마음이 되는 데 반하여, 서로의 성품이나 생활습관의 차이에서 오는 미움과 싫증이 짙어지면 세상의 어느 누구보다도 더 멀리하고 싶어져서 자녀의 아픔도, 세상의 체면도 아랑곳하지 않고 헤어지는 경우를 요즘 더 많이 목격하게 됩니다.

눈에 보이지 않지만 아주 중요한 것이 있는데, 사람들이 그것을 심각하게 생각하지 않는 데서 불행의 씨앗이 자라고 있는 것 같습니다. 부부가 상대의 진면목을 발견하지 않은 채 그것을 찾으려 하지도 않고, 또한 자신의 진가를 발휘하려 하지 않으면서 겉으로 나타난 상대의 모습이나 삶의 버릇 같은 것이 다인 양 여긴다는 것이지요.

미혼 시절의 꿈은 다 사라지고, 현실에 쫓겨서 사는 부부가 얼마나 많은지요. 천방지축으로 날뛰는 어린아이와 종일 씨름하며 넉넉지 못한 살림에 쫓겨 사느라, 즐거운 신앙생활이나 신나는 취미생활도 멀리하고 쏜살같이 달리는 세월에 실려 살다보면, 남편과의 사이뿐 아니라 모든 것이 다 싫어져서 온종일 짜증만 내며 살고 있지는 않은지요? 그렇지 않으면 신앙생활을 하면서도 삶의 신선한 기쁨을 모르고 살다가 유니게 과정에 등록하여 말씀을 암송하는 동안 그 참뜻이 가슴 깊이 와 닿기 시작하면서 동녘 하늘을 밝히는 여명의 신비를 경험하신 적이 있나요?

새로운교회 김지영 집사는 두 돌 지난 아들 도연이를 데리고 유니게 과정 63기 1단계에 참여한 날부터 자신과 가정의 변화를 솔직하고 진솔하게 기록하고 있습니다.

고대하던 성경암송학교 2012년 3월 22일

드디어 기다리던 성경암송학교 유니게 과정이 시작되었다. 기대 반, 두려움 반으로 도연이를 안고 만나교회로 들어섰다. 강대상에서부터 강의실 밖까지 종횡무진 하는 아이를 따라다니느라 백퍼센트 집중하지 못했지만 일단 시작했으니까 어떻게든 해내야겠다고 생각했다.

여행 중 차 안에서 CD를 틀어놓거나 호텔 카페에서 우아하게 암송노트를 보겠다던 내 생각은 완전 환상이었을 뿐, 실제 가족 여행의 현실은 1분도 쉬지 않고 돌아다니는 아이를 남편과 교대로 쫓아다니는 것이었다. 모르는 길을 찾아다니느라 계속 내비게이션에 집중한 탓에 CD 듣기도 실패했다.

'아, 2박 3일 내내 성경 한 구절도 제대로 못 외우면 어쩌지….'

운전하면서도 암송 모드 2012년 3월 25일

교회에서 집까지 운전하면서 CD를 열심히 들었다. 남편은 고린도전서 13장 1절부터 4절까지만 외우고 다 했단다. 그것도 큰 글씨가 좋다고 개역한글로 외웠단다. 완전히 모르는 것이 아니라서 더 완벽하게 외우기 힘든 것 같다.

본격적인 암송 시작 2012년 3월 26일

드디어 본격적으로 암송을 시작했다. 도연이를 태우고 운전하면서 CD를 반복해서 듣고 암송하기. 시작은 잘되지 않았다. 도연이가 낮잠 자는 동안 암송노트를 들고 본격적으로 크게 암송 시작! 처음에는 잘 안되는 것 같더니 어느새 고린도전서 13장을 다 외웠다. 처음 쓰기를 할 때는 다섯 군데나 틀렸지만 다시 한 번 써보니 세 군데로 줄어들었다.

'주님, 감사합니다. 주일학교 이후로 성경구절을 암송한 기억이 없는데 이렇게 다시 암송할 수 있게 해주셔서 정말 감사해요.'

첫째 주 암송 과제(고전 13:1-13, 신 6:4-9, 롬 3:23,24, 갈 2:20)가 끝났다. 잠

시 후 도연이가 잠에서 깼고, 나는 아이의 귀에 대고 암송을 해주었다. 정말 뿌듯하다.

남편이 놀라다 2012년 3월 27일

새벽에 잠이 깨자마자 어제 늦게 온 남편에게 이번 주 암송을 다 했다고 자랑했다. "어디 해봐"라는 말이 떨어지기 무섭게 암송을 해줬더니 내가 벌써 다 외울지 몰랐다며 자기는 어떡하냐고 걱정이다. 나는 너그럽게 가정예배를 말씀암송예배로 드리기로 한 토요일까지 기한 연장을 해줬다.

말씀암송을 하니 자신감이 생긴다. 오늘은 복습용 쓰기를 계속했고, 친정 부모님 앞에서도 암송했다. 왠지 무언가 더 할까 하는 마음으로 고린도전서 13장 1절부터 8절까지 영어로 한번 외워봤다. 금방 외우지 못할까 봐 걱정했는데 빨리 외우게 해주신 주님께 정말 감사하다.

오늘은 여운학 장로님의 《말씀암송 자녀교육》을 읽기 시작했다. 구구절절 마음에 와 닿는다. 도연이 재울 때도 말씀을 암송해줬다.

'주님! 제가 암송하는 모든 말씀이 도연이의 마음속에 새겨지게 도와주세요.'

암송을 통해 누리는 축복

● 말 씀 암 송 의 복 을 누 리 자

4장

차 안에서 드리는 가정예배

한국 교회는 세계 모든 나라들의 모범이 되는 자랑거리도 많고, 반면 부끄러운 점도 꽤 있는 것 같습니다. 지극히 짧은 기간에 전 인구의 20퍼센트에 가까운(2005년 자료, 860만 명) 국민이 예수님을 믿게 되었고, 불과 백여 년 전엔 극동 한구석에 자리한 피선교국이었으나, 현재는 전 세계에 2만 5천여 명의 선교사를 파송하는 세계 제2의 선교국이 되었습니다. 세계는 지금 한국 교회의 새벽기도를 배우기 위하여 관심을 모으고 있으며, 전 세계 수십여 나라의 언어로 번역한 신구약 성경이 해마다 천문학적인 숫자로 제작되어 해당 국에 선교용으로 배포되고 있습니다.

그러나 오늘의 한국 교회를 염려하는 소리도 높아지고 있는 것이 사실입니다. 우리의 가장 큰 문제는 교회와 부모가 기억력이 왕성한 우리의 어린 후세대에게 말씀암송을 시키는 일에 전혀 관심을 기울이지 않고 있다는 것입니다.

　나의 10여 년에 걸친 교육 경험에 의하면, 말씀암송의 가장 적령기는 우리 나이로 5세부터 7세까지입니다. 초등학교에 들어간 이후부터는 학교공부와 학원공부에 밀려서 말씀을 암송할 시간적 여유가 거의 없을 뿐 아니라, 인터넷과 또래들로부터 보고 들은 세상의 거칠고 올바르지 못한 헛된 지식에 세뇌되어 순수한 믿음의 말씀을 받아들이기가 매우 어려워집니다.

　일주일은 168시간입니다. 가정에서 엄마가 자녀와 함께할 수 있는 시간은 잠자고 밥 먹는 시간을 제하고도 100시간 이상 됩니다. 이 기나긴 시간에 엄마가 먼저 암송을 한 후 자녀에게 말씀을 암송시키고 자녀 중심, 암송 중심으로 즐겁게 가정예배를 드린다면 이보다 더 효과적이며 유익한 일이 어디 있겠는지요.

　유니게 과정 63기 1,2단계를 수료한 낙원감리교회 김보연 사모의 양육 일기를 소개합니다. 슬하에 여섯 살 된 예영이와 네 살 된 예율이가 자라고 있으며, 예영이는 제12기 303비전꿈나무으뜸모범생입니다.

예영이가 가정예배를 인도하다 2012년 4월 2일

　자녀 중심으로 가정예배를 드리게 된 이후부터 달라진 것이 있다. 여섯 살 예영이가 예배를 인도하면서부터 책도 미리 가져다 놓고, 책임감 있는 모습으로 바뀌었다. 배운 대로 오른손을 펴 보이며 "할렐루야!" 왼

손을 펴 보이며 "예수님의 참제자!"를 한 후, 우렁차게 말씀암송을 선창한다.

오늘은 지난주에 암송한 말씀을 암송하려다가 막히자, "엄마! 계속 반복해서 외웠어야 하는데… 내일도 고린도전서 말씀을 반복해서 외워야겠어요"라고 한다. 인도자로서 미리 외워놓지 못해 못내 아쉬워하는 모습이 정말 예쁘다.

"엄마, 왜 암송을 지속해야 하는지, 반복하면서 말씀암송을 해야 하는지 깨닫게 되었어요. 첫 주부터 암송하느라 좀 힘들었지만 말씀암송 예배가 정말 재미있어요."

엄마로서 더 사모하는 마음으로 말씀암송을 지속해야 함을 다짐하게 된다. 어린 예율이는 아직 겉돌고 집중을 잘 못해서 "예율아! 엄마 따라 해볼까? 내가 사람의 방언과…"라고 말하는데, 어느새 예율이가 "천사의 말을…" 하며 그 다음 구절을 이어 말하는 것이 아닌가! 두 살배기라 아직 글을 몰라서 암송은 이르다고 여겼던 내 생각이 깨어지는 순간이었다. 그동안 엄마와 언니가 외우는 것을 다 듣고 속으로 따라 했던 것이다. 예율이에게도 짧은 구절부터 조금씩 늘려가보아야겠다는 생각을 하게 되었다. 오늘의 놀라운 은혜에 감사한다. 오직 주님께만 영광을!

어두운 길을 암송하며 걷는 아이들 2012년 4월 4일

수요예배를 드리러 가는 동안 아이들과 큰 소리로 고린도전서 13장부터 시편 1편까지 외우면서 길을 걸었다. 길은 어두웠으나 즐겁고 씩씩하게 걸어가는 아이들을 보며 마음이 기쁘고 행복했다. 교회에 도착할 때까지 줄곧 말씀을 암송한 예영이와 예율이의 발걸음을 하나님께서 지켜주심에 감사드린다.

길을 걸어갈 때도 이 말씀을 강론하며, 주님이 주시는 지혜로 동서남북 접기로 암송게임도 했다. 또 순간순간 창의적인 아이디어도 주셨다. 암송가정예배도 은혜롭게 승리하였다. 아멘!

303비전꿈나무모범생이 된 날 2012년 5월 3일

오늘은 유니게 과정 2단계 시작과 함께 예영이의 모범생 점검이 있는 날이라 나도 매우 떨렸다. 그래서 나는 아침부터 예영이와 함께 303비전 성경암송학교로 가기 위해 서둘러 준비했다. 예율이는 언니와 엄마가 함께 어딜 간다는 걸 눈치 채고 서운한 모습을 보이더니 끝내 어린이집으로 가는 버스에서 울음을 터뜨렸다.

303비전꿈나무장학생의 황홀한 꿈에 대한 장로님의 강의를 들으면서 마음이 벅차올랐다. 어젠 기도모임을 통해 무너져가는 다음 세대를 품으며 슬퍼하시는 하나님 아버지의 마음을 느꼈다면, 오늘은 303비전을 통해 말씀으로 사는 예수님의 참제자들이 많이 배출되고, 그 아이들이 다음 세대를 이끌어갈 리더들이 될 꿈을 품게 하시니 기쁘고 감사했다.

1단계를 거쳐 2단계로 함께 올라온 '주 안에서 항상 기뻐하라 1조'를 만나고 서로의 이야기를 주고받으면서 다시 새롭게 말씀암송과 말씀 묵상의 삶으로 나아가길 다짐하게 되었다. 그리고 예영이의 모범생 점검과 합격 인증! 정말 기뻐하며 행복해하는 예영이에게 상을 주겠다고 했더니 기다렸다는 듯이 말한다.

"진주 목걸이를 주세요!"

엄마가 가지고 있는 목걸이를 갖고 싶은 게다.

"예영아! 진주보다 귀한 현숙한 여인이 되렴."

내가 말하자 활짝 웃으며 기뻐한다.

저녁에 말씀암송가정예배 시간, 오늘따라 부산스런 예율이가 찬양은 신나게 했는데 암송할 시간에는 "창세기 1장 1절" 하면서 더 나아가지 않고 입을 꼭 다물고 있었다. 그러곤 고린도전서 13장 2절에서 "내가 아무것도 아니요"만 반복하다가 결국 울기 시작한다. 계속 기다려도 암송은 하려고 하지 않기에 다음으로 넘어가려고 하면 또 울었다. 아, 이럴 때면 나도 울고 싶어진다. 그래서 내가 예율이의 손을 맞잡고 기도한 다음, 다시 암송을 계속하려 했는데 또 운다. 예배를 접고 싶은 마음이 들어 자리에서 일어났다가 다시 마음을 추스르며 앉았다.

예영이가 모범생이 된 기쁜 날, 사단이 그 기쁨을 빼앗아가려는 것이 보였다. 결코 그 기쁨을 넘겨주지 않으리라. 한 구절, 한 구절 천천히 암송을 한 후 기도를 마쳤다. 그리고 눈을 떠보니 예영이와 예율이도 울고 있었다. 아이들의 눈물을 닦아주면서 하나님께서 기뻐하실 더 경건한 예배를 드려야겠다는 마음이 들었다. 오늘은 비록 마음이 어려웠지만 포기하지 않고 하나님께 나아갔을 때 더 큰 은혜를 부어주심에 감사하다. 예영이와 예율이에게 더 온유하게 기도하는 마음을 놓지 않고 나아가야겠다.

온 가족들 앞에서 암송하다 2012년 5월 7일

어버이날 모임으로 서울에서 시댁 식구들과 모두 한자리에 모였다. 2012년은 우리 가족에게 뜻깊은 해이다. 도련님의 결혼과 아버님의 장로장립 20주년, 어머님과 아버님의 회갑까지. 오늘 모임도 화기애애함 속에 시작되었다.

지난번 운동회 때 어머님이 예영이의 말씀암송을 보신 후 놀라고 기쁘셨는지 가족들 앞에서 암송 발표회를 열어주셨다. 예영이는 303비전 꿈나무모범생답게 당당하게 가족들 앞에서 고린도전서 13장부터 시작하여 시편 100편에 이르기까지 47절을 쉬지 않고 주기도문처럼 암송했다. 모두들 눈이 휘둥그레졌다.

고모가 말씀암송에 대해서 이것저것 물어봐서, 나는 신바람이 나서 하니비암송법을 소개하고 303비전성경암송학교 카페도 알려주었다. 또 한 명의 303비전을 품는 엄마가 탄생하길 간절히 기도하며, 돌아오는 차 안에서 우리는 말씀암송가정예배를 드렸다.

즐겁게
말씀을
암송하기

최근에 한국에서 임신 중에 유니게 과정 교육을 받고 슈퍼 신인류를 낳아서 감사하고 있는 한 아기 엄마가 말레이시아에 가서 선교훈련을 받던 중 내게 메일을 보내왔습니다. 말레이시아의 국교는 회교이며, 그래서 아이들이 어려서부터 의무적으로 그들의 경전을 원문 그대로 암송하여야 한답니다. 그들이 한국인 크리스천들에게 "당신들은 성경이 진리라 믿으면서 왜 그 진리의 말씀을 암송하지 않느냐?"라고 비웃는다고 하면서 올 여름에 한국에 돌아오면 유니게 과정에 등록하여 암송교육을 철저히 받겠노라고 했습니다.

문제는 말씀암송을 어려서부터 하지 않으면, 어른이 되어 암송을 지속하기가 매우 힘들다는 것입니다. 비록 어려서 암송을 하였다 해도, 말씀을 사모하는 마음 없이 이를 지속하기란 얼마나 힘든 일인지 모릅니다. 그런데 젊은 엄마들이 자기의 자녀를 일찍부터 303비전꿈나무장학생으로 만들고자 하는 욕심에 자녀에게 기쁘고 즐겁게 가르쳐야 할 성경암송을 매를 때려가며 시켜서 장학생이 되었으나, 그 자녀가 점점 자라면서 말씀암송 자체를 싫어하는 경우가 더러 있습니다.

이런 일이 있었다면 그 엄마는 먼저 하나님께 회개하고 용서를 빌고, 깊은 마음의 상처를 입힌 자녀에게 눈물로 사과하며, 자녀와의 관계 회복에 온 정성을 다해야 할 것입니다. 이 불행한 일을 간접으로 보여주는 사례가 한 엄마의 일기에 나타나 있기에 소개합니다. 유니게 과정 63기 1,2단계를 수료한 새로운교회 김지영 집사는 두 살 된 아들 도연이와 함께 즐겁게 말씀을 암송하며 날마다 가정예배를 드리고 있습니다.

2단계 2주차에 142절을 암송하다 2012년 5월 10일

지난주 외운 말씀은 총 22절, 이번 주는 20절. 단지 두 절 차이인데도 이번 주가 훨씬 수월하게 느껴진다. 보통 이삼 일은 반복해서 외워야 대충 다 외웠다 싶은데, 오늘은 집에 와서 리뷰를 하다보니 모두 외운 듯한 느낌이다. 물론 완벽하게 외우기 위해 암송쓰기로 다듬어야겠지만…. 이제까지 외운 말씀이 142절이다. 종종 반복하여 외워보는데, 이젠 완전하게 기억되어 언제 어디에서나 말씀암송이 가능해졌다. 특히 아이를 안고 말씀암송을 해줄 수 있다는 점이 정말 좋다.

말씀암송교육의 3가지 교훈 2012년 5월 11일

오늘은 순예배 대심방날이라 부목사님이 오셔서 함께 예배를 드렸다. 마침 나누는 주제가 자녀양육에 대한 것이라 말씀암송과 암송학교에 대해 나누게 되었다. 또한 목사님께서 강신욱 목사님을 아셔서 303비전에 대해서도 알고 계셨다.

나는 이제 시작이고 아이와 갈등도 없어서 좋은 점만 나누었는데, 같은 순에 세 아이를 303비전꿈나무장학생으로 키우셨던 집사님께서는 말씀암송을 시키면서 잘못했던 점과 후회되는 점에 대해 나누어주셨다.

1. 아이들이 말씀암송을 즐겁게, 자발적으로 할 수 있도록 이끌어야 한다.

2. 무섭고 강압적인 지도로 사랑의 하나님을 느끼지 못하게 해서는 안 된다.

3. 말씀암송을 성적을 향상시키기 위한 도구화가 되어서는 안 된다.

그 집 아이들은 지금은 암송하자고 하면 절대 안 한다고 거부하고 싫어한다고 했다. 부모의 욕심을 버리기가 참 쉽지 않다. 나도 도연이의 눈높이에 맞춰야 한다는 것을 늘 마음에 새기고 잊지 말아야겠다.

태교의 노래를 좋아하는 도연이 2012년 5월 14일

요즘 도연이는 '태교의 노래'에 빠져 있다. 이 노래의 원곡 찬송가는 내가 잘 안 부르던 곡이다. 그동안 도연이랑 암송예배를 드릴 때도 꿈송,

유니게송만 불렀었다. 그동안은 꿈나무송이나 유니게송부터 불러달라고 했었는데, 2단계 들어서면서부터는 '태교의 노래'를 먼저 불러달라고 한다. 2월부터 둘째를 가지려고 노력했지만 번번이 실패였다. 결혼하자마자 도연이를 쉽게 얻어서 둘째도 금방 생길 줄 알았다. 아마도 하나님께서 주관하고 계시다고 말씀하시는 것 같다. 이제 둘째에 대해서는 편한 마음으로 주님이 주시는 대로 따르겠다고 기도해야겠다. 그래도 도연이가 '태교의 노래'를 매일 불러달라는 것을 보면 곧 주시지 않을까 하는 기대가 생긴다.

첫 말이 주님의 말씀이 되기를 2012년 5월 15일

말씀암송을 점검하고 마무리하면서 시편 8편을 묵상했다. 어린 시절에 찬양으로 많이 불러서 친숙한 말씀이다. 그런데 이번에 외우면서는 찬송 가사에는 없던 2절 말씀을 생각해보게 되었다.

"주의 대적으로 말미암아 어린아이들과 젖먹이들의 입으로 권능을 세우심이여 이는 원수들과 보복자들을 잠잠하게 하려 하심이니이다."

어린아이들과 젖먹이들의 입을 통해 주의 말씀을 선포하고 주를 찬양하는 일이 주님의 권능을 세우고 원수들을 잠잠히 하는 일이라고 말씀해주고 계신다. 이번 주에는 시편 8편을 외우면서 도연이에게 말했다.

"도연이의 입으로 주님의 말씀을 선포하며 원수들을 잠잠히 하게 하자."

예배를 드리고 하루의 마감기도를 드리는데, 갑자기 눈물이 나왔다. 나는 도연이의 첫 말이 주님의 말씀이 되기를 기도드렸다. 이것 또한 내 욕심이 아니라 주님의 뜻이길 바란다.

우리 엄마는 기도하는 엄마 2012년 5월 16일

나는 어릴 때부터 교회를 다닌 모태신앙이지만 '기도의 사람'이 아니다. 말씀암송과 찬양은 어린 시절 주일학교 중심으로 살았던 환경 탓에 익숙하지만 기도는 개인적인 문제인 것 같다. 나는 부모님이 기도하는 모습을 보고 자라지 않았다. 두 분은 개인 신앙생활을 자녀에게 보여주고, 말씀해주고, 나누는 분들이 아니셨다. 내게 교회를 열심히 다니라고만 하셨다.

나는 부모가 되면서 도연이를 말씀과 기도의 사람으로 키우겠다는 꿈과 목표를 가졌고, 그러기 위해 내가 변하길 원한다. 그래야만 한다. 기도를 길게 하는 게 아직은 어색하지만, 매일 하다보면 언젠가 도연이가 "우리 엄마는 기도하는 엄마"라고 자신 있게 말할 날이 꼭 오지 않을까.

'주님! 저와 이 가정을 기도와 말씀으로 가득 채워주세요.'

암송으로
품은
아이들

교회학교마다 결손가정의 아이들이 많아져가고 있습니다. 달동네에 위치한 Y교회는 방과 후에 동네 아이들이 모여 노는 놀이터 역할을 즐겨 감당하고 있었습니다. 교회 사모님이 10년 전에 유니게 과정을 마친 후, 그 아이들에게 성경암송을 가르쳐왔습니다. 이 교회의 경우는 결손가정이라기보다 가난하여 부모가 아침 일찍부터 밤늦도록 일터에 나가 있기에 어린이들이 학교에서 돌아오면 의례히 교회로 모여서 논다고 합니다. 이런 아이들에게 사모님과 목사님이 정성을 다하여 말씀암송과 성경공부와 찬송을 가르쳐서 드디어 303비전꿈나무모범생, 으뜸모범생, 장학생들을 많이 배출하였습니다.

그러다보니 신앙에 관심이 없던 부모들이 교회에 출석하기도 하고, 아이들의 신앙생활을 반대하던 그들의 마음이 변하여 교회에 고마움을 표하기도 한답니다. 원칙적으로 엄마들이 유니게 과정을 이수해야 그 자녀들이 303비전꿈나무모범생, 으뜸모범생, 장학생이 될 수 있도록 규정하고 있습니다. 그러나 이렇게 헌신적으로 동네 아이들을 돌보아주는 교회가 아직까지는 Y교회뿐이기에 이 교회에 출석하는 아이들에 한해서 목사와 사모가 부모의 역할을 담당할 수 있다고 믿고, 그 교회에서 암송을 익힌 아이들에게 303비전꿈나무모범생, 으뜸모범생, 장학생의 인증서를 주고, 장학생에게는 장학금도 지급하고 있습니다.

또한 L집사의 경우는 K고아원 아이들에게 매주 목요일 오후에 찾아가서 열심히 암송교육을 시키는 가운데, 100절, 200절을 암송하는 아이들이 늘어났습니다. 그리하여 기쁘게 이 어린들에게도 교회의 경우를 적용하고 있습니다.

말씀암송과 암송가정예배가 일상생활에 익숙해지기 위해서는 엄마가 애정과 열심을 다하지 아니하면 그 지속이 어렵습니다. 그러나 내 아이처럼 사랑하고 아껴서 열심을 다하는 교회 사모나 집사들이 있으면 그 지속 가능성을 확인한 후 엄마의 역할 자격을 부여하고 있습니다. 유니게 과정 46기 1단계, 53기 3단계를 수료한 시온교회 이새봄 집사는 암송태교로 낳은 7개월 된 하랑이의 엄마이기도 합니다.

스마일 베이비 2012년 5월 21일

금요일 303비전성경암송학교를 마치고 구역예배를 드리러 갔다. 비록 두 가정이었지만 아이들까지 하면 다섯 명이 예배를 드렸다. 오늘은 암송학교에서 받은 은혜를 나누었는데, 구역장님은 특히 마태복음 10장 16절 말씀에 은혜를 많이 받았다며 이번 한 주간은 자녀들을 위해 그 말씀으로 기도하자고 제안하였다. 나는 기쁜 마음으로 순종했다. 그리고 기도하며 이리들이 들끓는 것 같은 세상에서 하랑이가 뱀같이 지혜롭고 비둘기같이 순결하게 자라기를 소망했다.

7개월 된 하랑이는 말씀암송태교로 태어나서 그런지 제법 의젓하다. 혼자서도 잘 놀고, 잘 자고, 잘 웃어서 벌써 별명이 '스마일 베이비'다. 나는 슈퍼 신인류 하랑이 덕분에 아이를 낳고 키우는 것에 긍정적인 마음과 말씀암송하는 일이 무엇보다 중요하고 복되다는 것을 깨닫는다. 하랑이가 이미 복을 받고 태어났음을 경험하고 있다. 입을 옷과 먹을 것도 하나님이 책임져주신다. 열심히 성경암송과 매일 암송가정예배로 키워야겠다. 이것이 주께서 허락하신 나의 사명이다.

동네 아이들에게 말씀암송을 2012년 5월 22일

며칠 전의 일이다. 앞집 아이 은경이가 친구 지혜와 함께 우리 집에 놀러 왔다. 여덟 살이고 둘 다 환경이 어렵다. 은경이는 부모님의 이혼으로 조부모님이 키우고 있다. 지혜는 부모님이 키우지만 아빠는 일용직이고, 엄마는 박스를 주워 생활하시며, 그 밑으로 동생이 세 명이나 있다.

나는 결혼 전 다니던 교회에서 지혜를 본 적이 있다. 아장아장 걷는 세 살 정도의 아이였는데, 그동안 까맣게 잊고 지내다가 은경이가 친구를 데려왔다며 자랑스럽게 보여줄 때 그 아이가 지혜임을 알게 되었다. 속으로 깜짝 놀랐다.

주님은 동네를 돌아다니며 노는 아이들을 자꾸 생각나게 하신다. 그래서 남편과 의논하기 위해 말을 꺼냈다. 그런 아이들에게 성경암송을 시켜보고 싶다고. 뭐라 대답할까 궁금했는데 남편도 찬성한다. 힘이 생긴다.

다음 날 하랑이를 업고 집 앞에 있는 시어머니 댁에서 놀고 있는데, 은경이가 나를 어떻게 보았는지 큰 소리로 인사하고 지혜가 놀러 왔다며 알려주었다. "너희, 성경암송 한번 해볼래?"라고 물었더니 둘 다 하고 싶다며 기대를 한다. 그래서 마태복음 7장 7절 암송을 시켰다. 둘 다 학교공부를 마친 후 방치되어 있다 보니, 내가 놀아주는 것을 좋아하는 것 같다. 암송을 시키고, 간식을 주고, 미술공부도 시켰다. 뭔가 뿌듯하다. 매일 오후 4시에 만나기로 하고 헤어졌다.

오늘 오후 4시, 은경이가 홀로 앉아 있어서 일단 시편 128편 1절 암송을 시키고, 미술은 지혜가 오면 같이 하자고 했다. 그런데 나중에 알고 보니 은경이 할아버지가 지혜를 데려오지 못하게 했다고 한다.

'그럼, 지혜를 은경이네가 아닌 내가 초대하면 될 것 아닌가?'

하나님께 감사드린다. 그러한 아이들을 품게 하시고 그 아이들이 나를 잘 따르는 것이 얼마나 감사한지 모른다. 성경암송 소리가 집 앞 골목길에 쩌렁쩌렁 울리고 선포된다. 복된 골목길이 되고 있다. 어둠의 세력이 물러가도록 계속해서 해야겠다.

'내 아이뿐 아니라 우리 시온교회 유치부, 주변 아이들까지 품게 하시는 하나님! 내 마음의 그릇을 넓게 하시는 하나님을 찬양합니다.'

자녀양육에
지친
엄마들에게

현모양처의 꿈을 품고 결혼하는 젊은 여성을 만나기란 그리 쉽지 않은 세상입니다. 아름다운 가정의 꿈을 품고 배우자를 찾는 젊은 남성도 찾아보기 힘든 것 같습니다. 주 안에서 스위트홈을 꿈꾸며, 현모양처의 본을 이루어보리라는 각오를 품은 미혼 남녀의 동아리라도 생겨나면 좋을 듯합니다.

그런데 마음의 준비를 제대로 하지 못한 채 일단 결혼을 하고 보니 임신도 자연스럽게 하게 됩니다. 그제야 다급한 심정으로 태교와 자녀양육에 관한 책을 급히 구하여 읽어봅니다. 그러나 안타깝게도 이상적인 태교나 자녀양육에 관한 올바른 신앙적 소신을 얻기에는 거리가 먼 산만한 지식을 얻을 뿐입니다.

오늘날 세상은 온통 스트레스로 가득 찼다고 해도 과언이 아닙니다.

이런 현상은 어려서부터 제멋대로 사는 데 길들여진 사람들이 많아지다 보니 인간관계에 있어서 서로를 배려하기보다 자기만 좋으면 제 멋대로 행하는 일들이 많아졌다는 증거가 아닐까요.

앞으로의 세상은 더욱 정직하고 예의 바른 사람을 필요로 하게 됩니다. 예수님의 참제자를 지향하는 303비전성경암송학교 유니게 과정에서는 엄마들에게 말씀암송훈련과 함께 자녀 이해 및 엄마의 삶의 본을 통한 자녀의 신앙교육을 가정에서 책임지고 감당하게 합니다. 엄마의 사랑으로 자녀가 어릴 때부터 하나님과 부모님께 순종하도록 양육하는 훈련을 즐겨 감당하고 있습니다.

오류교회 부교역자 장기명 목사의 박신미 사모(유니게 과정 63기 2단계 수료)의 암송일기가 303비전맘들에게 도움이 될 것 같습니다. 슬하에 하은(5세), 하민(3세)이가 예쁘게 자라고 있습니다.

남매와 함께 드리는 가정예배 2012년 5월 20일

잠자리에 들기 전에 하은이와 하민이와 함께 암송가정예배를 드렸다. 주일이라 피곤하기도 해서 누워서 말씀암송만 하고 잘까 하는 생각이 밀려왔으나 다시 마음을 바로잡고 하은이에게 예배드리자고 했더니 좋다고 했다.

꿈송을 부르다가 한창수 목사님께서 찬양하실 때 보여주셨던 율동이 생각나서 하은이와 일어나서 1,2절을 부르면서 그대로 몸짓을 하며 즐겁게 시작했다. '암송기도문'으로 기도하고, 로마서 3장 23절과 24절, 신명기 6장 4절부터 9절까지 함께 암송했다. 어제 많이 칭찬해줘서인지 어려워하던 고린도전서 13장 1절부터 13절까지도 기꺼이 암송했다.

그리고 유아부 5월 암송말씀인 사도행전 1장 8절을 반복해서 암송하고, 하은이와 하민이의 이름을 불러가면서 축복기도를 해주었다. 마침 주일설교말씀이 "이렇게 축복하라(민 6:22-27)"였다. 특히 "우리의 입술에는 창조적 언어의 능력이 있으므로, 믿음으로 응답하실 것에 대한 확신으로 축복하라"는 말씀에서 많은 은혜를 받았다. 자녀를 축복하던 추상적인 기도가 하은이와 말씀암송을 하면서부터 정확하고 명확한 내용의 기도로 바뀌게 되었다.

날마다 암송을 더해가는 하은이를 보면 축복기도가 절로 나오게 해주심에 감사하다. 그리고 그 모든 기도의 내용들을 들으시고 응답하실 하나님에 대한 확신과 기대감이 생겼다.

자녀교육에 힘들어하는 친구 2012년 5월 21일

오후에 오랜만에 대학 친구 대일이와 카카오톡을 했다. 대학교 때 함께 선교단체에서 훈련받았던 가장 가까운 친구인데, 난 서울에 있고 대일이는 대전에 있어서 거의 만나지는 못하고 가끔 두세 달에 한 번씩 전화 통화만 했었다.

직장을 다니면서 네 살, 세 살 연년생 딸을 키우고 있는데 바빠서 자녀양육도 어떻게 해야 할지 모르겠다고 하였다. 그래서 나는 암송학교에 다니고 있고, 말씀암송 자녀교육에 전부 맡기기로 했다고 얘기해주었다.

대일이는 남편이 극동방송을 통하여 《말씀암송 자녀교육》에 관한 이야기를 들었다면서 그 책을 완전 강력 추천했다고 말했다. 나도 맞장구를 치며 "나도 자녀양육에 대한 답을 거기서 찾았다"라고 했다. 그리고 대전에서도 가끔 암송학교가 열리는 것 같으니 암송학교 카페에도 들어가보라고 권면하고 여름에 있는 암송가족캠프도 소개해주었다.

"한번 시작해보고 싶지만 체력이 달려서 캠프는 힘들 것 같아."

나는 대일이가 캠프에 대해 조심스럽게 여기는 것 같아 격려해주며 다시 한 번 캠프를 추천해주었다.

"혼자 시작하면 작심삼일이 되기가 쉬워. 좀 무리해서라도 캠프에 가보면 말씀암송과 가정예배의 동기부여도 확실하게 받을 수 있고 몸과 마음도 더 강건해질 거야."

내 말을 듣고 대일이가 힘주어 말했다.

"요즘 많이 힘들었는데, 너와의 대화로 힘을 얻었다. 도전을 주어서 고맙다."

나도 좋은 것은 많이 나누고 싶다고 메시지를 전하며 말했다.

"우리 함께 말씀 심는 엄마가 되자."

나는 사랑하는 친구에게 좋은 것을 나눌 수 있어서 정말 기뻤다. 대일이의 마음이 움직여져서 말씀암송 자녀교육의 길로 들어섰으면 좋겠다.

저녁을 먹고 하은이와 하민이, 남편과 올림픽공원에 다녀왔다. 신나게 놀고 집에 와서 씻고 나니 하은이가 피곤하다며 누워버렸다. 그래도 말씀암송가정예배를 드리고 자자고 했더니 누워서 하고 싶단다. 그래서 내가 말했다.

"하은아, 예배를 누워서 드리면 하나님이 기뻐하시지 않을 거야. 그럼 우리 어제처럼 일어나서 꿈송 부를까?"

"싫어."

"그럼 앉아서 할까?"

앉아서 꿈송을 부르다가 "303비전꿈나무" 부분에서 일어나 손가락 모양과 발 모양을 한창수 목사님이 보여주셨던 대로 했더니 하민이가 재밌어하며 일어나서 따라 했다. 3절을 모두 일어나서 찬양했고, 하민이가 맘송을 불러달라고 해서 1절을 불렀다.

"엄마와 함께 암송한 하나님 말씀을

내 평생 묵상하면서 내 양식 삼으니

나의 모든 삶이 말씀으로 찼네.

복되고도 복되도다 묵상의 삶이여

어린 시절 외운 말씀 영원한 보배라."

암송기도문으로 기도하려는데 하민이가 암송기도문에 그려져 있는 그림을 가리켰다. 그대로 해보라고 했더니 두 손을 꼭 모으고 내 무릎에 앉기에 그 자세로 함께 기도했다. 하은이와 고린도전서 13장 1절부터 13절까지 암송하는데 하민이는 내 무릎에 누워 잘 기색이었다. 그 후 로마서 3장 23절과 24절을 암송하고, 유아부 암송말씀인 사도행전 1장 8절을 두 번 암송했다.

이번 주가 유아부에서 암송 발표를 하는 날인데 아직 말씀이 입에 붙질 않아서 더 열심히 암송하자고 하은이와 얘기하고, 아이들의 이름을 불러가며 축복기도를 해주었다. 그리고 암송가정예배가 우리 삶에 지속화, 체질화되도록 하나님의 도우심을 구했다.

크리스천
엄마들의
소명과 사명

대나무는 원통꼴로 자랍니다. 놀랍게도 속이 빈 네모꼴 기둥을 죽순 위에 세워 고정시켜놓으면 그 대나무는 원통꼴이 아닌 네모꼴로 자란다고 합니다. 세모꼴의 기둥을 세우면, 역시 세모꼴 대나무로 자란다고 합니다. 나는 1980년대 이슬비전도 강의로 전국을 다닐 때 대밭이 많은 호남 지역의 어떤 장로님에게 이런 이야기를 듣고, 한동안 천연 대나무 공예품 구상으로 즐거운 꿈에 젖었던 적이 있습니다.

사람도 어려서 어떤 환경에서 자랐느냐에 따라 그 어린이는 온순하게도, 사납게도 자라게 됩니다. 물론 부모로부터 물려받은 유전자에 따라 성품을 갖게 되기도 하지만, 성장 환경에 따라 제2의 성품을 갖게 된다는 것을 생각할 때 부모 된 사람으로서는 자녀양육에 온 정성을 쏟지 않을 수 없습니다. 303비전성경암송학교 유니게 과정이 창설된 동기와 목적도 바로 조기 자녀교육에 있습니다.

가정에서 어머니의 사랑과 지혜와 기도와 모범을 통하여 말씀암송태교로 슈퍼 신인류를 낳아서 영아, 유아, 유치, 유년, 소년기의 자녀에게 말씀암송교육과 날마다 드리는 즐거운 가정예배를 통하여 예수님의 성품을 닮은 밝고 맑은 품성의 정직하고 성실한 21세기 글로벌 리더를 길러내자는 것입니다.

바울은 로마서 1장 1절에서 자신의 사도로서의 부르심(calling)과 복음 전파의 사명(mission)을 밝히고 있습니다. 우리 크리스천 엄마들은 한 가정의 주부로서의 부르심과 말씀암송태교로 자녀를 낳아 어려서부터 엄마의 말씀암송과 가정예배를 통한 예수님의 참제자로의 양육이라는 사명을 다하여야 하리라 믿습니다.

다음은 일찍이 제9기 303비전장학생으로 선발되어 2년 동안 1,000절의 말씀암송과 인격적 목회자훈련을 받고 현재 안산동산교회에서 사역하고 있는 이동현 강도사의 아내 양현정 사모의 일기입니다. 이미 유니게 55기 2단계 과정을 비롯하여 18기 3단계와 61기 1단계를 거쳐 2단계 과정 수강 중에 있으며, 슬하에 사랑(6세), 의진(3세, 슈퍼 신인류)을 말씀암송으로 즐겁게 양육하고 있습니다.

느슨해졌던 삶에서 다시 일어서다 2012년 6월 4일
두 달여의 공백이 왜 그리 길게 느껴졌는지 조금은 무뎌지고 또 기대

되고 설레는 마음으로 2단계를 향했다. 의진이도 좋은지 발걸음에 기쁨이 묻어난다. 암송 실전 교육 속에 깊은 은혜가 임한다. "내 삶이 말씀으로 찼네"가 아니라, '미움', '다툼', '힘듦', '억울함'으로 가득 찼었다고.

다시 말씀으로 채우리라 생각하며 찬송을 시작하는데 의진이가 옆자리에 앉아 열심히 찬송을 따라 한다. 역시 이곳 출신(슈퍼 신인류)이라 반응이 남다르다. 그동안 한참 보지 못했던 최상급으로 기분 좋을 때 보이는 웃음을 보이며 함께하는데 제법 든든함이 느껴진다. 역시 하늘 태생 아기는 말씀을 먹어야 좋은 것 같다. 말씀으로 내 삶을 채우기로 다짐하며 그동안 속에 쌓아둔 것을 버리며 말씀을 선포하는 2단계를 기대한다.

한동안 느슨하게 암송예배를 드렸는데 다시 마음의 허리를 동이며 아이들과 둘러앉아 예배를 드린다. 이젠 사랑이가 주도권을 가지고 넘겨주기도 하며 성숙한 자세로 예배에 임한다. 의진이도 찬양과 암송을 따라 한다. 정말이지 행복이 이런 게 아닐까 싶다.

새 힘을 얻어서 2012년 6월 5일

거룩한 매임에 들어가니 매일에 임하는 태도부터 달라진다. 말씀을 읽어주고 먹어주고 싶다는 생각만 했는데 실행하는 힘이 생겨난다. 역시 말씀엔 힘과 능력이 있어서 먼저 내 깊은 심령을 깨우고 무디어진 삶의 습관까지도 바로잡게 한다. 또 그 영향이 가정과 아이들에게 흘러간다. 정말이지 암송학교에 기름부으심이 넘친다.

아이들과 놀면서도 수시로 말씀을 선포한다. 창세기 1장 1절에 음을 붙였는데 사랑이가 재미있게 부르며 따라 한다. 의진이도 박수 치며 따라 한다.

즐거운 가정예배 2012년 6월 6일

나라는 순국선열을 기리고 우리 가정은 하나님을 예배한다. 다 함께 둘러앉아 맘송과 꿈송을 부르고, 사랑이의 요청에 따라 '왕이신 나의 하나님'을 부른 후 기도하고 시편 23편을 암송하는데 가족의 마음이 하나로 모이고 하나님의 성품이 흘러나오는 것을 느낀다. 기쁨, 평안, 은혜, 사랑, 하나님, 지혜, 창조력이 넘친다.

날마다 달라져가는 아이들 2012년 6월 7일

아이와 놀 때 의진이의 태도가 달라진다. 조금이라도 강의나 말씀을 통해 배운 것을 실전에 접목하려는 것이다. 암송학교 유니게 과정을 쉴 땐 그리도 더디고 지혜도 생겨나지 않더니, 말씀으로 삶을 채워가기 시작하니 지혜를 주신다.

사랑이가 유치원에 간 사이, 의진이는 장난감으로 놀거나 책을 보는 게 다였다. 그러나 지금은 함께 예배식은 아니더라도 찬양을 즐겁게 부르고, 아기 성경책도 읽어주고, 암송도 한다. 그러다보면 말씀 실행의 능력을 부어주시는 것도 경험하게 된다. 마음속에 더딤이 걷히고 고속도로로 달리며 은혜를 깊이 누린다. 의진이는 점점 더 잘 따라오고 순종도 잘하고 기뻐한다. 오늘도 원망과 억울한 생각이 들어오려 할 때 "스톱!" 하고 말씀을 선포한다.

시간이 갈수록, 암송학교에서 회를 거듭할수록 누리고 배우는 강도는 더 깊고 달고 오묘해진다. 말씀 자체가 검이 되어 삶의 불필요한 부분도 제거하고, 마땅히 해야 할 일들에 지혜와 함께 더 날카롭고 신속하게 처리하는 능력을 경험한다.

말씀암송을
통해서
성숙해가는
엄마

고여 있는 물은 부패하게 마련이고, 흐르는 시냇물은 절로 깨끗이 정화가 됩니다. 이것이 자연의 이치요, 하나님의 섭리입니다. 오늘은 어제보다 낫고 내일은 오늘보다 나아지기 위하여 늘 새로운 도전에 응전하는 사람에게서는 향상을 기대할 수 있습니다. 특히 크리스천은 말씀을 읽거나 듣고, 암송하며 묵상하고, 회개하고, 결단하며, 말씀에 순종하려고 애쓰는 가운데 하루하루 성결해집니다.

오직 하나님께 받은 존귀한 나의 자녀를 보다 사람답고 성결하게 키우려고 노력하는 엄마들은 먼저 엄마 자신이 말씀을 열심히 암송하는 가운데 이제까지의 신앙생활에서 맛보지도, 깨닫지도 못했던 말씀의 달고 오묘한 권능에 사로잡혀 하나님의 사랑에 흠뻑 젖어들게 됩니다. 미숙했던 자아를 재발견하고, 인생의 참기쁨과 보람과 사랑에 함몰되어 새로운 삶을 열어가는 일이 일어나고 있습니다.

다음은 비록 소박하게라도 자아의 재발견의 기쁨, 어린 자녀의 놀라운 변화를 맛보기 시작한 엄마의 진솔한 암송일기입니다. 유니게 과정 63기 3단계를 수료한 평화교회 이정화 집사는 은찬(7세)과 은성(3세)이를 기르고 있습니다.

일곱 살 은찬이를 통한 변화 2012년 7월 5일

로마서 7장 말씀처럼 마음은 원이로되 원하는 선은 하지 않고 도리어 원하지 않는 일을 해놓고 후회하게 된다. 지난 암송 시간에 은찬이가 말을 잘 듣지 않기에 또 혼을 내고 말았다. 그 기억 때문인지 은찬이가 암송예배 시간에 찬송은 신나게 부르면서도 암송을 하자고만 하면 졸리다고 하면서 암송하기를 꺼려하는 것 같다.

오늘도 그러했다. 여느 때 같았으면 화를 냈을 법한데 나는 내 잘못 때문임을 속으로 인정하며 미안한 마음으로 "우리 암송하자"라고 따뜻하게 말하고 은찬이를 기다려주었다. 또 여운학 장로님 말씀대로 소리 지르지 않고(나에겐 습관이 되어 참 힘들다) 중간에 실수하고 틀릴 때도 아무렇지 않게 넘길 수 있었다. 완벽하게 하는 것이 잘하는 게 아님을 아들에게도 새롭게 인식시켜주고 싶었다.

'그 기억과 상처를 잊으려면 더 긍정적이고 칭찬 받는 경험이 필요하겠지.'

무엇보다 하나님이 원하심으로 지혜롭고 온유하게 조금씩 변화시켜 주시길 기대하고 믿는다!

말씀암송의 놀라운 권능 2012년 7월 9일

은찬이가 고린도전서 13장을 다 외웠다며 자랑하듯 말한다. 한번 해 보라고 했더니 자신 있게 암송한다. 듬뿍 칭찬해주었다. 그러자 "엄마, 나 말씀을 암송하는 게 참 좋다는 깨달음이 왔어요"라고 한다. 그 말이 무엇을 함축하고 있는지는 다 알지 못하지만 아들의 말을 듣고 정말 기뻤다.

내 미숙한 육아법이나 아들의 모습 때문에 혼란스럽고 답답한 순간들이 많았다. 그러나 아들이 말씀을 암송하기 시작하면서부터는 말씀이 아들을 지켜 주리라는 생각에 든든하고 힘이 난다. 내 마음에 여유가 생기니 무작정 윽박지르거나 아이의 태도에 화가 나지 않고, 아이의 눈높이에서 이해할 수 있는 마음이 생긴다.

믿는 사람은 무한한 백그라운드가 있다. "예수님을 믿으면서 한숨을 쉬면 그건 하나님에 대한 배신행위다"란 말이 귀에 쟁쟁하다. 말씀암송은 곤경에서도 일어나게 할 수 있다. 하나님께 기도하는 엄마가 되기 원한다. 야단치지 않고, 감동으로 아이를 변화시키는 엄마가 되자!

신앙인격
훈련장은
가정이
우선

하나님의 말씀을 가르치고, 적용하며 실천하는 훈련을 쌓는 일은 교회
의 귀한 사명의 하나인 줄 압니다. 그런데 우리가 유의해야 할 것은 학
습과 훈련의 시기, 방법과 장소입니다. 특히 신앙인격 훈련장은 가정
과 교회 중에 가정이 우선입니다. 시기는 엄마의 슬하에서 자라나는
영유아기, 유년기가 가장 중요하고 교육의 효과도 크게 나타납니다.
신앙훈련은 생각이 순수하고 기억력이 왕성한 어린 시절이 가장 효과
적입니다.

어른이 되면 교육과 훈련이 참으로 어려워집니다. 묘목일 때 굽게 자
란 나무를 올곧게 바로잡기는 거의 불가능합니다. 그럼에도 불구하고
우리 교회들은 모든 교육과 훈련을 어른 중심으로 열심을 낼 뿐 아니라,
어린이에게 암송교육을 등한히 하며, 가정에서 어린이들을 가르칠 엄마

들에게 말씀암송훈련을 본격적으로 시킬 생각조차 하지 않고 있다는 것입니다.

암송훈련을 오랫동안 받으면서 두 자녀에게 말씀을 암송시킬 뿐 아니라, 엄마 자신이 이미 암송한 300절의 말씀을 깊이 묵상하면서 삶에 적용하는 아름다운 일기를 암송학교 홈페이지에서 퍼왔습니다. 일기의 주인공은 303비전꿈나무장학생인 딸 지은(11세)이와 역시 303비전꿈나무으뜸모범생인 아들 동주(7세)와 함께 날마다 가정예배를 드리고 있는 개봉소망교회 김경아 사모(유니게 과정 38기 1,2,3단계 수료, 64기 1,2,3단계 개최)입니다.

저를 정결케 하소서 2012년 10월 25일

'암송을 하면서도 내 맘에 찾아오는 이 곤고함은 뭘까?'

주께서는 사모하는 영혼에게 만족을 주신다고, 주를 사랑하는 자가 주의 사랑을 입으며 주를 간절히 찾는 자는 주를 만날 것이라 하셨는데 내 속에는 주를 사랑하는 마음이 없다. 간절히 찾고 싶지만 간절함이 없다.

오호라 나는 곤고한 사람이로다 이 사망의 몸에서 누가 나를 건져내랴 롬 7:24

주께서 함께하시지 않으면 나는 암송에조차도 사모함이 생기지 않고, 말씀에조차도 간절함이 생기지 않는다. 그저 입술의 중언부언만 있을 뿐이다. 그저 인간적인 열심만이 공허하게 울릴 뿐이다.

'하나님! 제 속에 선한 것이 없습니다. 저를 정결케 하소서. 제 안엔 주를 향한 사랑도 사모함도 없습니다. 제게 간절함을 허락하소서. 날마다 주를 찾게 하시고 주의 사랑을 경험하여 알게 하소서. 당신의 말씀 안에 믿음으로 서 있을 수 있는 은혜를 허락하소서. 주가 아니시면 제가 설 수 없나이다. 제 판단과 경험과 생각을 의지하는 교만에서 벗어나게 하소서. 주께서는 교만한 자를 미워하시나이다. 주님을 묵상하여 아는 것이 곧 나의 힘이며 능력임을 날마다 고백하며 즐거워하게 하소서.'

십자가의 보혈로 날 씻어주소서 2012년 10월 26일

"내 주의 보혈은 정하고 정하다.

내 죄를 정케 하신 주 날 오라 하신다.

날 오라 하심은 온전한 믿음과

또 사랑함과 평안함 다 주려 함이라.

내가 주께로 지금 가오니

십자가의 보혈로 날 씻어주소서."

오늘은 아침에 눈을 뜨자마자 내 속에서 이 찬송이 흘러나왔다. 내 안의 모든 불순물과 더러운 죄의 찌꺼기를 빡빡 긁어내듯, 찌든 얼룩이 표백제에 녹아 없어지듯, 예수님의 보혈에 흔적도 없이 사라지길 간구한다.

아침 첫 시간부터 내 입에 이 찬송을 주신 것은 나의 죄와 죄성, 또 구석구석에 숨어 있는 모든 죄의 찌꺼기까지 정결케 되는 것은 예수 그리스도의 보혈을 의지하여 나가는 것 외엔 다른 길이 없음을, 그러니 아파하는 데 머물러 있지 말고 온전한 믿음과 사랑함과 평안함을 다 주기 원하시는 아버지를 더 바라보라고 하신 것 같다.

우리가 아직 원수 되었을 그때에 원수 된 우리를 위하여 아들을 죽게 하신 가슴 저린 아버지의 사랑을 바라보라고. 아버지의 사랑으로 죽게 하신 그 아들 예수의 피가 우리를 모든 죄에서 깨끗하게 하실 것을 바라보라고. 깨끗하게 하시되 눈과 같이 양털처럼 희게 하실 것을 바라보라고. 낙심하며 불안해하지 말고 오직 하나님께만 소망을 두라고.

지난 추석, 시댁 식구들과 모여서 성묘를 다녀올 때였다. 차를 멈췄다가 다시 시동을 걸려고 했더니 잘되지 않았다. 간신히 다시 시동을 걸고 목적지에 도착해서 시동을 완전히 껐는데 엔진이 다 꺼지지 않고 생전 처음 듣는, 부서지는 것 같은 소리가 한참 동안 났다. 그 후로는 자동차를 몰고 나가기가 겁이 난다. 주행 중 언제 차가 멈춰버릴지 몰라서 이 일로 남편과 이야기 하다가 "중고 시장에 내다 팔까?"라고 했더니 남편이 정색을 한다.

"언제 설지 모르는 차를 다른 사람이 타면 어떡해?"

내 계명은 곧 내가 너희를 사랑한 것같이 너희도 서로 사랑하라 하는 이것이 니라 요 15:12

이 말씀을 암송하면서도 내 차를 바꿀 때 한 푼 더 보태는 것만 생각하지 이웃의 안전은 뒷전인 나. 하나님이 보시기엔 나나 그 이웃이나 당신께서 창조하신 사랑하시는 자녀인데, '주 안에서 기뻐 손해 보고 즐겨 바보 된다'라고 말만 하고 있다.

그러고 보니 얼마 전에 일곱 살 아들 동주 앞에서도 이런 부끄러움이 있었다. 레고에 빠진 동주가 친구들끼리 서로 장난감을 교환하며 노는데 친구가 바꾸자는 게 자기 것보다 좋은 거라 매우 기분 좋아했다. 때마침 여운학 장로님의 말씀이 생각나서 "동주야, 우리 하나님 믿는 사람들은 자기만 이익이 되게 해선 안 돼! 우리가 먼저 즐겁게 손해 보아야 하는 거야. 그러면 전도도 되고 하나님께서 기뻐하셔서 직접 더 좋은 것으로 채워주셔"라고 했다.

그랬더니 아이가 "그럼, 누나가 사준 울트라 산닉 전차를 바꿔도 돼요?"라고 했다.

'헉! 지은이가 통장을 털어 9만 원이나 주고 생일선물로 사준 건데…'

진땀이 났다. 주님을 위하여 손해 보아야 한다고 말해주는 엄마의 이중적인 모습이 어린 아들 앞에 여실히 드러나고 말았다.

"괜찮긴 한데… 누나가 동주에게 주려고 아끼고 모아둔 통장을 털어서 사준 건데 누나를 섭섭하게 하지 않는 게 좋겠지?"

말씀을 암송하면서도 하늘의 가치와 세상의 가치가 충돌할 때 세상의 가치를 택하고 싶은 나, 아니 택하는 나. 하나님을 내 안에 모셔 들이는 거룩한 작업을 하면서도 뒤돌아선 내가 주를 위하여 기뻐 손해 보고 즐겨 바보 되지 못하는 나. 언제나 하나님 앞에서 철든 딸이 될까. 언제쯤 나도 하나님 아버지의 마음을 한 번이라도 시원케 해드릴 수 있을까. 그럼에도 불구하고 한결같이 참아주시고 기다리시는 하나님 아버지를 닮은 엄마이고 싶다.

예수님의 참제자가 되게 하소서 2012년 10일 27일

요즘은 책의 홍수다. 비단 공기나 식탁의 먹거리에만 오염이 있는 것이 아니라 쏟아져 나오는 책들의 오염도 심각한 것 같다. 전문지식이 없는 내가 봐도 도저히 '마음의 양식'이라고 할 수 없는 책들이 많다. 아이에게는 가능한 한 막아주고 싶지만 밀려드는 힘에 저항하긴 여러 가지로 역부족이고 또 실현 가능한 일이 아니기도 하다. 그저 지은이에게 책을 잘 선별하고 내용을 잘 분별하여 받아들이는 지혜를 달라고 간구할 뿐이다.

지난 유니게 과정 2단계 필독서인 《안창호》(규장 신앙위인북스)를 우리네 식구가 읽을 땐 큰 감동과 감사와 자부심이 있었다. 하지만 지은이의 독후감은 특별하지 않았고, 별다른 언급도 없었다. 그런데 일반 출판사에서 나온 《신채호》라는 위인전을 읽고서는 대뜸 "엄마! 전 신채호 싫어요"라고 한다. 왜냐고 물었더니 안창호와 똑같이 독립운동을 한 사람인데 아내도 사랑하지 않고 가정도 돌보지 않은 고집쟁이라고 한다. 내가 안창호 선생님도 가정은 돌보시지 못했다고 했더니 그와는 다르다고 한다.

지은이는 예수전도단에서 나온 선교사님들로 구성된 위인전과 규장에서 개정판으로 나온 12권의 위인전을 읽은 터였다. 그래서 세상 출판사에서 발간되는 위인전은 그저 업적만 기록하였을 뿐 그 인물 자체가 그리스도인이 본받아야 할 위인과는 거리가 있다고 생각되는 모양이었다.

　'주여, 우리 아이들이 이 세대를 본받지 말고 오직 마음을 새롭게 함으로 변화를 받아 그리스도의 제자 된 생각과 성품으로 눈에 보이는 것 너머에 있는 하나님 아버지의 선하시고 기뻐하시고 온전하신 뜻을 분별하여 알고 좇아가는 예수님의 참제자가 되게 하소서.'

교회학교
중고등부가
살아나는 길

오늘의 한국 교회를 진정으로 사랑하는 마음으로 염려하는 사람이 적지 아니합니다. 그럼에도 불구하고 그 바람직한 대안, 곧 30년, 60년, 100년 후의 성숙하고 부흥된 한국 교회를 위한 지극히 성경적이면서 상식적인 대안을 보여준 지도자들을 만나기는 어렵습니다.

더욱이 오늘날 교회학교가 바람직하게 부흥하고 있는 교회는 정말 찾아보기 힘듭니다. 거의 모든 교회가 장년부에 비해서 중고등부와 청년부는 눈에 띄게 줄어들고 있습니다. 탄식이 절로 나옵니다.

학교교육이 교회학교를 망친다고 한탄하는 소리도 듣습니다. 실제로 부인하기 힘든 실정이기도 하지요. 그러나 그보다 더 중요한 것은 유초등부는 말할 것도 없거니와 중고등부, 청년부, 장년부에서 하나님의 말씀을 암송하는 일을 금기시하거나, 혹은 중요시한다 해도 암송의 체험을 갖지 못한 교역자와 교사들로 말미암아 실패해온 과거의 암송교육법을 그대로 답습하려는 우를 범하고 있습니다.

설상가상으로 대다수의 교회 지도자들이 생각하기를 신앙교육은 교회가 마땅히 전담해야 하는 줄로 생각합니다. 진정한 신앙교육은 생활교육과 정서교육, 곧 인격교육이 함께 이루어지는 가정교육에 더 큰 비중을 두어야 합니다. 그리하여 가정교육과 교회교육이 서로 긴밀한 유대관계를 유지하면서 서로 보조를 맞추어야 합니다.

303비전성경암송학교에서는 신앙인격교육의 출발점이 되는 가정교육의 중심인물인 젊은 엄마들에게 성경암송을 익히는 유니게 과정 1,2,3단계 교육에 올인하고 있습니다. 엄마들에게 성경을 가르치려는 것이 아닙니다. 성경을 먹는 일, 곧 성경암송을 익히게 합니다. 말씀이신 하나님(요 1:1)을 내 안에 모셔 들이면서 이를 주야로 묵상하는 삶 중에 예수님의 성품을 가정의 중심축인 엄마가 먼저 익히게 합니다.

그리하여 자녀에게 엄마가 모범을 통해서 암송을 즐겁게 가르치고, 아빠의 설교 대신 이미 암송한 말씀을 반복하고 기도와 찬송 그리고 삶과 성경에 관련한 대화가 있는 가정예배를 아이들이 인도하도록 하고 있습니다.

나는 지금 한국의 모든 교회도 중고등부 교육을 암송 우선순위로 바꾸게 되는 날이 속히 오기를 기도합니다. 바라기는 교육 담당 부교역자들과 교회학교 교사들이 필수과정으로 유니게 과정에 등록하여 성경암송과 인격훈련교육을 본격적으로 익혔으면 좋겠습니다.

마침 이런 내용들에 대해 대구 화원성명교회의 고등부 담당인 김성덕 목사가 암송학교 훈련 과정 중에 쓴 일기가 있습니다. 1년 전에 사모가 먼저 유니게 과정 51기 1,2단계를 마치고 네 살 의찬이와 단둘이 날마다 가정예배를 드리다가 아빠와 함께 암송하며 가정예배를 드리게 된 일, 교회 고등부에서 암송교육을 실시하기 전에 담당 교역자로서 먼저 단단한 각오로 암송훈련에 동참한 진솔한 고백이 얼마나 아름다운지요.

말씀암송의 기쁨 2012년 11월 25일

성탄예배 후 장모님 병문안을 갔다가 귀갓길에 목양실용 원두를 사기 위해 커피숍에 들렀다. 아내와 나는 그 자리에서 마실 커피를 주문하고 잠시 기다리는 동안 말씀을 암송하며 썼다. 바로 옆 테이블에 앉아 있는 분들이 힐끔힐끔 우리를 처다본다. 두 사람 다 입으로 무언가 중얼중얼하면서 열심히 쓰고 있으니 궁금한가 보다. 나는 먼저 시작한 아내의 도움으로 내일 익힐 내용을 미리 암송 예습하는 중이고, 아내는 지난번에 이미 익혔던 내용을 복습하는 중이었다. 촌음을 아껴 잠시의 틈을 이용하여 암송훈련을 하는 우리는 즐겁기만 하다.

1단계를 거치지 않은 채 2단계에 도전하는 나에게 내일은 또 어떤 은혜를 주실지 기대된다. 그리고 참 감사하게도 다음 주면 내 나이도 어느덧 40대가 되는데, 이젠 조금도 서글프지 않다. 그저 새로이 내려주실 은혜가 기대된다. 나는 내년에 우리 고등부 아이들과 암송훈련을 할 꿈에 부풀어 있다. 중심을 감찰하시는 주께서 먼저 내게 은혜를 베풀어주시겠지 하는 기대가 이토록 나를 흥분시키며 행복하게 한다.

'주님, 감사합니다. 사랑합니다. 찬양합니다!'

아들과 아내와 내 기도를 들어주신 하나님 2012년 12월 5일

오늘은 유니게 과정 2단계 교육이 시작되는 날이다. 엠마오교회를 향해 운전하며 후사경으로 뒷자리를 보았다. 아내와 아들 의찬이의 얼굴이 미소로 가득했다.

'저리도 좋을까?'

온 가족이 함께 암송예배를 드리고 싶어했던 간절한 소원이 이제 이루어졌기 때문이다. 그동안 아내는 아빠와 함께 암송도 하고 날마다 암송가정예배를 드릴 수 있게 해달라고 어린 아들 의찬이와 둘이서 기도해왔단다. 드디어 하나님께서 그 기도를 들어주셨기에 아내는 아들에게 "우리의 기도를 들어주신 하나님을 찬양할 수 있어서 정말 기쁘다"라고 했다.

나 역시 기쁘기는 마찬가지다. 지난 봄, 한창수 목사님을 모시고 교사 세미나를 가진 후 우리 고등부 아이들에게 암송을 가르치고 싶었다. 그리하여 내가 먼저 암송교육을 받은 다음에 "얘들아, 말씀을 암송해보니 진짜 좋더라!"라고 이야기해주고 싶은 목회적 필요성을 가지고 기도해왔기 때문이다. 부목사가 평일 근무시간 중 6주 동안 매주 몇 시간씩 비우는 일이 쉽지 않을 줄 알기에 담임목사님과 행정목사님이 단번에 허락하지 않으시면 마음을 접겠다고 며칠을 기도한 후 두 분께 말씀드렸다. 결과는 두 분 다 단번에 "OK!"였다.

'주님, 감사합니다!'

얼마 전 고등부 아이들과 함께 《하이델베르크 요리문답》을 공부하면서 했던 십계명을 학생들에게는 중요하다고 시간마다 강조했으면서 정작 가르치는 나는 제대로 암송도 못하고 있었다. 아이들에게 미안한 마음으로 더 열심히 암송훈련에 임했으나, 머리가 지끈거렸다.

"처음엔 다 그래요."

먼저 훈련받은 아내가 나를 위로했다. 그리고 목양실에서 장로님과의 대화 중에 중요한 것을 배울 수 있었다.

"암송 실력이 아니라 암송의 기쁨으로 가르치세요!"

이 말씀을 간직하고 교회로 돌아오면서 나 자신과 약속했다.

'이제 시작이다! 포기하지 말자!'

초조한 마음 2012년 12월 6일

아침 식사 후 식탁에 앉아서 어제 익힌 출애굽기 20장 1절부터 21절까지의 말씀을 암송했다. 막힘없이 술술 암송하는 아내가 그렇게 부러울 수 없었다. 아내를 통해 좋은 도전을 주시는 하나님께 감사하다. 2년

째 품성훈련을 받으러 다닌다. 지하철로 40분이 걸리는데, 종점에서 타는 덕분에 자리를 잡고 앉자마자 암송노트를 꺼냈다. 그러나 도무지 암송이 안 되어서 답답한 마음에 책을 덮어버렸다.

'겨우 하루가 지났을 뿐인데 왜 이토록 초조할까?'

건망증이 심한 자신을 의지하지 말고 지혜가 부족하거든 후히 주시고 꾸짖지 아니하시는 하나님께 구해야 되는 줄 머리로만 알았지, 암송훈련을 온전히 주님께 맡기지 못하고 있는 것 같다. 이번 암송학교를 통해 더 주님께 의지하고 맡기는 훈련을 해야겠다.

'주님! 건망증이 심한 제 머리를 맡깁니다. 도와주세요.'

암송이 능숙하게 하소서 2012년 12월 8일

저녁 식사 후 세 식구가 암송예배를 드렸다. 의찬이는 데살로니가전서 2장 13절을 암송하고, 아내와 나는 출애굽기 20장을 암송했다. 그리고 감사거리를 각각 말하는데 의찬이도 아내도 모두 암송가정예배를 아빠와 함께 드릴 수 있음을 감사했다. 나도 아내와 아들과 함께 예배드릴 수 있음에 감사하고 기도를 드렸다.

내일은 사랑스런 우리 고등부 아이들, 60명의 내 영적 자녀들을 만나는 기쁜 날이다. 어서 암송이 몸에 배고 입에 붙어서 확신을 가지고 아이들에게 암송을 권할 수 있으면 좋겠다.

이에 그가 그들을 자기 마음의 완전함으로 기르고 그의 손의 능숙함으로 그

들을 지도하였도다 시 78:72

'하나님, 어서 능숙해지도록 날마다 반복할 수 있는 열심을 선물로

주소서.'

고등부 교사들의 공감 2012년 12월 23일

내년 고등부 사역을 위한 교사 워크샵이 있었다. 교사들에게 이슬비

성경암송노트 1,2단계를 나누어준 다음 이렇게 말했다.

"내년에 우리 고등부는 이 책 한 권만 열심히 할 것이니 믿고 따라와

주시기 바랍니다."

감사하게도 스무 명의 집사님들이 모두 적극 공감해주셨다. 한 집사

님이 "의찬이를 우리 반의 보조교사로 써서 암송 시범을 보이고 싶다"

라고 해서 모두 한바탕 웃었다. 사실 교사들이 힘들다고 거부할까 봐 염

려하며 기도했는데, 하나님께서는 나의 염려를 감사로 바꾸어주셨다.

예배시간을 손꼽아 기다리며 말씀을 외울 아이들의 모습을 떠올리니 정

말 좋다.

'주님, 감사합니다.'

말씀암송을 원하면서도 두려워하는 고딩들 2012년 12월 24일

성탄 전야 발표회가 있는 날이다. 중창과 워십댄스를 준비한 고등학교 3학년 아이들이 리허설을 한 후 저녁 식사를 할 때 내가 "내년엔 고등부에서 암송훈련을 한다"라고 했더니 18명의 아이들의 반응이 둘로 나뉘었다.

"나도 하고 싶다"는 극소수의 아이들과 "나는 청년부로 올라가니 다행이다"라는 대다수 아이들의 반응. 일단 암송이 어렵다는 선입견이 강하다는 것을 다시 한 번 확인했다. 나는 이들에게 내년에는 "후배들이 부럽다"라는 말이 절로 나오게 해주리라는 생각을 했다. 그러려면 먼저 내가 열심히 암송을 해야 한다. 다시 한 번 마음속에 절박함이 생긴다.

막중한
사명을
다하는
엄마

하나님은 이 세상에 천지창조 이후 '가정'이라는 기본 단위 생활공동체를 허락하셨습니다. 남자와 여자가 서로 사랑하고 아끼며, 자녀를 많이 낳아 삶의 현장학습을 통하여 잘 가르치고 길러서 자손만대로 하나님을 경외하며 사람답게 살아서 번창하라고 하셨지요.

부모라는 사랑의 통로를 거쳐서 태어난 자녀는 성인이 될 때까지 부모의 일상을 통하여 인생과 세상을 배우며 자랍니다. 그런데 오늘의 세상은 그 귀한 가정을 소홀히 할뿐더러 참으로 소중한 어릴 때의 자녀교육에 관심을 기울이지 않는 부모가 많아지고 있어서 하나님을 노엽게 할 뿐 아니라 뜻이 있는 사람의 마음을 슬프게 합니다.

서울의 경우, 일반적으로 교회의 중고등부 아이들의 절반 이상이 결손가정이라고 합니다. 이 가슴 아픈 현실을 교회는 어떻게 이해하고, 그

불행한 아이들에게 어떤 도움을 주고, 무엇을 가르쳐야 할지요. 또 부모의 자리에 있는 성도들은 자신에게 맡겨주신 하나님의 자녀를 어떻게 훈련시켜야 할지요. 참으로 이 막중한 사명을 받은 교회 지도자들과 부모들은 깊이 고민하고 간절히 기도해야 합니다.

이를 위하여 303비전성경암송학교 유니게 과정에서는 자녀에게 말씀을 암송시킬 엄마들에게 1,2,3단계에 걸쳐 말씀암송을 훈련함과 동시에 날마다 자녀주도형 암송가정예배를 드리도록 강력히 권면하고 있습니다. 또한 매주 토요일에는 밤마다 '가족의 발 씻기기'도 권하고 있습니다.

요즈음 이를 제대로 실행하는 엄마들이 점점 늘어나고 있음이 얼마나 큰 보람이며 기쁨인지 모릅니다. 특히 어린 자녀들의 눈높이 이해와 교육의 효과를 연구하여 자녀들로 하여금 스스로 기쁨과 즐거움으로 암송훈련에 임하게 되고, 자녀가 인도하는 가정예배를 날마다 드릴 수 있도록 교육하는 엄마가 늘고 있음도 참으로 감사한 일입니다.

그러나 어린 자녀에게 엄마의 열심만 가지고 암송훈련과 암송가정예배를 밀어붙이는 식으로 훈련시키는 경우도 적지 아니합니다. 어린 자녀에게 바람직한 교육과 훈련을 시키기 위해서는 엄마의 깊은 이해와 오래 참는 훈련과 사려 깊은 지혜가 참으로 필요합니다.

유니게 과정 67기 2단계를 수료한 대구 내일교회의 곽은진 집사의 암송일기를 소개합니다. 비록 2단계부터 이수해서 여러 모로 자녀교육의 지혜를 습득하기엔 좀 이르지만, 남다른 열심을 가지고 자녀교육에 정성을 다하는 모습이 얼마나 아름다운지요. 슬하에 지윤(10세), 정윤(8

세), 호윤(3세) 삼남매를 기르기도 벅찬데 동서의 아이인 도윤(5개월)까지 낮 동안 돌보며 교회를 열심히 섬기는 한편, 어린 자녀들과 함께 말씀을 암송하고 암송가정예배로 훈련시키는 사명자의 모습이 정말 아름답습니다.

내 아이 셋에 조카 아기까지 돌보다보니 2012년 12월 5일 수요일

나는 5개월 된 동서의 아기를 석 달 넘게 돌봐주고 있다. 그러다보니 이제까지의 내 삶의 리듬이 조금씩 깨어지고 있다. 저녁에 조카를 데려다주고 집에 오면 7시가 넘고, 저녁 준비를 해서 세 아이를 먹이고, 숙제를 봐주고, 정리하다보면 9시가 넘기 일쑤다. 그러면 부랴부랴 아이들을 불러 암송예배를 드린다. 되도록 8시 30분에 암송예배를 드리자고 다짐하지만 솔직히 쉽지가 않다.

오늘은 어린이 수요예배가 있는 날이라 일찍 교회 카페에 가서 성경 암송예배를 드렸다. 교회 카페에서 약 20분간, 차 안에서 10분간 암송을 하고 나눔도 없이 예배를 일찍 마쳤다. 지윤이와 정윤이는 60절 이상을 암송하고 있어서 매일 암송예배를 드리는 것을 힘들어했다. 그때 지윤이가 제안을 했다.

"엄마, 우리 월, 수, 금은 큐티를 하고 화, 목, 토는 암송을 해요."

지혜롭게 할 수 있는 방법이 무엇일까? 솔직히 저녁이 되면 나도 힘들기는 마찬가지다. 아, 옛날 같으면 그냥 호윤이와 둘이서 예배를 드렸을 텐데…. 그래도 하루하루 기쁜 마음으로 주어진 이 모든 일을 감당하며, 저녁마다 즐겁게 예배드리려고 노력해야겠다.

하나님이 주신 지혜와 깨달음 2012년 12월 6일 목요일

오늘은 하나님께서 한 가지 지혜와 깨달음을 주셨다. 낮에는 호윤이와 도윤이와 암송예배를 드리고, 도윤이를 집에 데려다준 후 밤에는 세 아이와 암송예배를 드리면 좋겠다는 깨달음이었다. 왜 진즉에 이 생각을 못하고 있었는지….

아기 둘과 함께 예배를 드릴 수 있을까 했었는데, 예배를 드려보니 정말 큰 기쁨이 있었다. 20~25분 정도로 시간을 정한 후, 암송예배를 시작했다. 호윤이는 그전에 두 아이와 함께 예배드릴 때 많이 들어서인지 기도문과 찬양들을 따라 했고, 도윤이는 싱글벙글 미소를 짓기만 했다. 내가 천천히 손을 꼽으며 암송하니, 듣고 있던 호윤이도 고사리 손으로 손을 꼽으려고 하는 게 아닌가!

뿐만 아니라 교회에서 하는 암송구절까지 해야 된다고 해서 함께 암송했다. 그 모습에 나는 저절로 감동이 되었다. 오늘이 첫 시작이지만 꾸준히 이대로만 한다면 어린 호윤이와 도윤이가 누나와 형보다 더 잘해내지 않을까 기대가 된다.

예수님의 참제자가 되게 하는 생활교육

유교사상이 바탕인 우리나라의 전통적 인격 개념은 지적 능력을 우선순위로 한 '지덕체(知德體)'였다. 그러나 근대 한국의 영적 지도자였던 도산 안창호 선생은 '덕체지(德體知)'라 하여 인간 됨의 예절과 사랑을 우선순위로 삼았다. 303비전 교육은 '믿음(信), 사랑(德), 지식 쌓기(知), 건강한 몸 가꾸기(體)'를 훈련의 우선순위로 삼는다.

인간은 교육과 훈련으로 제2의 성품을 만들어간다고 한다. 제1의 성품은 유전보다도 태교의 영향을 받아 이루어진다고 믿는다. 그러므로 303비전은 말씀암송태교로 잘 웃고, 잘 자고, 잘 먹고, 온유함과 겸손함과 지혜로움을 갖춘 슈퍼 신인류를 낳는 운동으로부터 시작한다. 그리고 어려서부터 엄마가 밝고 맑은 삶을 자녀에게 보이면서 온 정성을 쏟아 자녀에게 말씀암송을 가르친다.

뿐만 아니라 정서교육에도 힘을 기울인다. 예수님께서 제자 사랑의 본으로 삼으셨던 세족식(洗足式)을 본받아 매주 토요일 밤엔 온 가족이 '주 안에서 가족 발 씻기기'를 행한다. 지식 쌓기와 몸을 건강하고 민첩하게 자라게 하는 일은 그 다음에 둔다.

1. 믿음교육(信)

A) 어려서부터 엄마가 자녀에게 말씀암송을 가르친다

예수님은 자기를 따르는 유대인들에게 말씀하셨다.

"너희가 내 말에 거하면 참으로 내 제자가 되고 진리를 알지니 진리가 너희를 자유롭게 하리라"(요 8:31,32).

유대인들이 이 말씀을 듣고 "우리가 아브라함의 자손이라 남의 종이 된 적이 없거늘 어찌하여 우리가 자유롭게 되리라 하느냐"(요 8:33)라고 대답하자, 예수께서 다시 말씀하셨다.

"진실로 진실로 너희에게 이르노니 죄를 범하는 자마다 죄의 종이라. 종은 영원히 집에 거하지 못하되 아들은 영원히 거하나니 그러므로 아들이 너희를 자유롭게 하면 너희가 참으로 자유로우리라"(요 8:34-36).

우리는 예수 그리스도의 참제자가 되기를 원한다. 그리하여 진리를 알고 진리 안에서 참으로 자유롭게 되기를 원한다. 전지전능하신 하나님은 참지식의 하나님이시다. 참지식은 예수님의 말씀 안에 있다. 예수님의 말씀을 사모하는 마음으로 암송하여 우리 안에 항상 주님이 거하시게 하고, 이 말씀을 주야로 묵상하며 그 말씀대로 살기를 작정해야 한다. 기억력이 좋고 복잡한 지식정보가 인식되기 전인 유년기부터 가정에서 엄마와 함께 말씀을 암송하도록 엄마에게 먼저 암송교육을 실시하고 있다.

B) 자녀 주도로 날마다 암송가정예배를 드린다

303비전교육은 말씀암송태교로부터 시작한다. 어려서부터 엄마를 통하여 말씀을 암송하는 훈련을 쌓는다. 그리고 자녀가 주도하는 암송가정예배를 드림으로써 반석 같은 믿음의 터를 닦는다. 303비전 암송가정예배의 3대 특징은 다음과 같다.

a) 예배의 진행 일체를 자녀가 맡도록 한다.

b) 설교 대신 이미 암송한 말씀을 다 함께 암송한다. 미처 암송하지 못한 가족은 읽도록 한다.

c) 부모는 관찰자로 동참한 다음, 마지막 축도 대신 각 자녀의 이름을 부르며 축복기도를 한다.

2. 정서교육(德)

A) 매주 토요일에 '주 안에서 가족 발 씻기기'를 실시한다

유월절 전에 최후의 만찬 중 예수님은 자리에서 일어나 겉옷을 벗고 수건을 가져다가 허리에 두르시고, 대야에 물을 떠서 제자들의 발을 씻으시고 그 두르신 수건으로 닦기를 시작하셨다고 요한복음 13장 3절부터 5절까지 기록하고 있다. 예수께서 제자들의 발을 씻겨주신 사랑을 기념하기 위해 교회에서 목회자가 성도들의 발을, 혹은 교사가 학생들의 발을 씻겨주는 세족식을 함으로써 놀라운 은혜를 체험해왔다.

그러나 303비전교육에서는 가정에서 먼저 자녀가 부모의 발을 씻겨드리고, 그 자녀들 앞에서 엄마가 아빠의 발을, 아빠가 엄마의 발을 씻겨준다. 마지막으로 부모가 자녀들의 발을 씻겨준다. 이 '주 안에서 가족 발 씻기기'를 매주 토요일에 온 가족이 한자리에 모여서 행한다. 자녀가 부모의 발을 씻어드리는 동안 부모는 그 자녀의 머리에 손을 얹고 축복 기도를 드린다.

이를테면 "하나님께서 ○○에게 복을 주시고, ○○를 지켜주시기를 원하며, 하나님께서 그의 얼굴을 ○○에게 비추사 은혜 베푸시기를 원하며, 하나님께서 그 얼굴을 ○○에게로 향하여 드셔서 평강 주시기를 원합니다"(민 6:24-26 참조).

혹은 "하나님께서 ○○로 큰 민족을 이루게 하시고, ○○에게 복을 주시어 ○○의 이름을 창대하게 하시리니 ○○는 복의 근원이 될 줄 믿습니다. ○○를 축복하는 자에게는 하나님께서 복을 내리시고, ○○를 저주하는 자에게는 하나님께서 저주하시리니 땅의 모든 족속이 ○○로 말미암아 복을 얻을 줄 믿습니다"(창 12:2,3 참조).

이것이 곧 부모와 자녀 사이, 자녀와 자녀 사이의 사랑을 돈독하게 나누는 사랑 나누기 훈련이다.

B) 자녀가 용돈을 아껴 구제금을 모으게 하고, 스스로 구제헌금을 하는 습관을 들인다(부모의 모범을 통하여 스스로 행하도록 한다).

C) 자녀와 함께 고아원과 양로원 같은 사회복지 시설을 방문할 때 저축한 구제금으로 선물을 사들고 가도록 한다.

3. 지식 쌓기(知)

성경암송의 열매로 얻게 되는 자신감(confidence), 집중력(concentration), 자제력(self-control), 창의력(creativity)을 심어주어 학교교육과 교양독서교육에 힘쓴다. 어려서부터 사모하는 마음으로 성경암송과 묵상적용훈련을 지속하면 자연스럽게 이 네 가지가 향상된다. 따라서 303비전교육은 학습능력도 뛰어나게 한다.

뿐만 아니라 세계적인 신앙위인전기와 성경 이야기 등을 정독시키고 독후감을 쓰게 하며, 부모님과 독후감 나누기를 한다.

4. 체력단련(體)

쿠베르탱이 올림픽 대회를 처음으로 개최할 때의 캐치프레이즈인 "보다 빨리, 보다 높이, 보다 힘차게"가 생각난다. 참가에 의의가 있고 메달 쟁취에 있지 아니한 것이 올림픽의 정신이다. 올림픽의 금 면류관은 챔피언에게만 주어지는 데 비하여 303비전교육의 목표는 이를 초월하여 믿는 백성 모두의 기본 체력을 강건하게 하는 데 있다. 챔피언에게만 주어지는 금 면류관을 믿는 백성 모두가 함께 타게 하자는 것이다.

자녀들이 어려서부터 규칙적인 생활을 하도록 한다. 어린이가 일찍 자고 일찍 일어나는 습관이 들면, 성장에 매우 유익하다. 빨리 걷기, 멀리 달리기, 줄넘기, 자전거 타기, 등산하기, 철봉, 평행봉, 각종 구기 등을 즐거운 마음으로 무리 없이 날마다 혹은 매주 한두 번씩 규칙적으로 실행하는 습관을 들이도록 한다.

특히 유산소 운동과 근력 운동의 조화를 이루도록 한다. "건강한 몸에 건전한 정신"이라는 말이 있다. 돈독한 신앙과 밝고 맑은 긍정적인 생각과 기초가 단단한 지식 쌓기와 건강한 체력 단련이 함께하면 가장 바람직한 예수님의 참제자로 자라게 된다.

말씀암송의 복을 누리자

초판 1쇄 발행	2013년 2월 18일
지은이	여운학
펴낸이	여진구
책임편집	김아진, 유혜림
편집 1실	안수경, 이영주, 김소연, 박민희
편집 2실	최지설, 김수미
기획·홍보	이한민
책임디자인	이혜영, 전보영 ㅣ 마영애, 정해림
해외저작권	김나은
마케팅	김상순, 강성민, 허병용, 이기쁨
마케팅지원	최태형, 최영배, 이명희
제작	조영석, 정도봉
경영지원	김혜경, 김경희
이슬비전도학교	엄취선, 전우순, 최경식
303비전성경암송학교	박정숙, 정나영, 정은혜
303비전장학회 & 303비전꿈나무장학회	여운학
펴낸곳	규장

주소 137-893 서울시 서초구 양재2동 205 규장선교센터
전화 02)578-0003 팩스 02)578-7332
이메일 kyujang@kyujang.com 홈페이지 www.kyujang.com
트위터 twitter.com/_kyujang 페이스북 facebook.com/kyujangbook
등록일 1978.8.14. 제1-22

책값 뒤표지에 있습니다.
ISBN 978-89-6097-296-4 03230

규ㅣ장ㅣ수ㅣ칙

1. 기도로 기획하고 기도로 제작한다.
2. 오직 그리스도의 성품을 사모하는 독자가 원하고 필요로 하는 책만을 출판한다.
3. 한 활자 한 문장에 온 정성을 쏟는다.
4. 성실과 정확을 생명으로 삼고 일한다.
5. 긍정적이며 적극적인 신앙과 신행일치에의 안내자의 사명을 다한다.
6. 충고와 조언을 항상 감사로 경청한다.
7. 지상목표는 문서선교에 있다.

하나님을 사랑하는 자 곧 그의 뜻대로 부르심을 입은 자들에게는 모든 것이 合力하여 善을 이루느니라(롬 8:28)

Member of the
Evangelical Christian
Publishers Association

규장은 문서를 통해 복음전파와 신앙교육에 주력하는 국제적 출판사들의 협의체인 복음주의출판협회(E.C.P.A:Evangelical Christian Publishers Association)의 출판정신에 동참하는 회원(Associate Member)입니다.